华为的人力资源管理

实战版

张继辰　文丽颜◎编著

海天出版社（中国·深圳）

图书在版编目（CIP）数据

华为的人力资源管理：实战版/张继辰，文丽颜编著.
— 深圳：海天出版社，2015.9
（标杆企业研究经典系列）
ISBN 978-7-5507-1374-1

Ⅰ．①华… Ⅱ．①张… ②文… Ⅲ．①通信—邮电企
业—人力资源管理—经验—深圳市 Ⅳ．①F632.765.3

中国版本图书馆CIP数据核字（2015）第094812号

华为的人力资源管理：实战版

HUAWEI DE RENLI ZIYUAN GUANLI: SHIZHANBAN

出 品 人 聂雄前
责任编辑 陈 军 张绪华
责任技编 梁立新
封面设计 元明·设计

出版发行 海天出版社
地 址 深圳市彩田南路海天大厦（518033）
网 址 www.htph.com.cn
订购电话 0755-83460239（邮购）0755-83460202（批发）
设计制作 蒙丹广告0755-82027867
印 刷 深圳市希望印务有限公司
开 本 787mm×1092mm 1/16
印 张 15
字 数 160千
版 次 2015年9月第1版
印 次 2015年9月第1次
定 价 39.00元

前言

华为，一家立足于中国深圳经济特区，初始资本只有 21000 元人民币的民营企业，最终稳健成长为年销售规模近 2400 亿人民币的世界 500 强公司。作为一家无背景、无资源、缺资本的民营企业，华为将西方众多百年巨头纷纷斩落马下。它被众多跨国对手视作"东方幽灵"。20 多年来华为从一张白纸变为世界级高科技企业，成为中国企业的标杆。

事实上，就在华为开始创业的 20 世纪 80 年代中后期，国内诞生了 400 多家通信制造类企业，但这个行业的竞争注定是场死亡竞赛，赢者一定是死得最晚的那个。华为活到了最后。

这是中国最优质的一家民营企业。

华为总裁任正非，一位 70 岁的商业思想家，率领着 10 多万 20 ~ 30 岁以中高级青年知识分子为主体的劳动大军，孤独行走在全球五大洲的各个角落。他们过往 20 多年成功的人力资源管理的密码到底是什么？还能继续复制成功吗？

EMC（易安信）的 CEO 曾指示下级战略部门搜集华为全部材料、书籍和报道，因为华为正在挑战 EMC 的地位。EMC 请来哈佛剑桥牛津的教授研究，但没有人搞得明白。华为值得研究，但问题在于，中国企业一直以来无法总结出属于自己企业人力资源管理的经验，这实际上反映出中国与西方在人力资源管理思想上存在差异，没有人说得清楚华为是怎么崛起的。

过去 10 多年来，华为投入数 10 亿美元向西方学管理，邀请 IBM 等多家世界著名顾问公司，开展管理变革，先后开展了一个个"削足适履"的项目，如 IT S&P、IPD、ISC、IFS 和 CRM 等等。

任正非认为，华为之所以能够在国际市场取得今天的成绩，就是因为华为十几年来认认真真、恭恭敬敬地向西方公司学习人力资源管理，真正走上了西方公司走过的路。任正非认为，华为还是棵小草，在把自己脱胎换骨成小树苗的过程中，还需要向西方学习各种管理的东西。"用广阔的心胸融入这个世界，这样才会有未来。"

任正非在华为人力资源管理中坚持"人力资本的增值一定要大于财务资本的增值"，"对人的能力进行管理的能力才是企业的核心竞争力"。要拥有人才就要有适合人才发展的机制，华为之所以能成为中国顶尖企业，就是因为有一套独特的人力资源管理机制。

《华为的人力资源管理（实战版）》系统地讲述了华为人力资源管理的创造价值体系、价值评价体系、价值分配体系、激活组织等内容。本书的一个重要特点在于理论和实践的结合，特别是与中国人力资源管理实践的结合。本书关注人力资源管理方法在真实的组织环境和情境下的运用，对现实现状和管理导向的思考始终贯穿全书。书中还提供了丰富的华为案例资源，是理论与实践相结合的完美之作，具有很强的可读性。

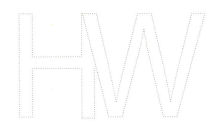

目录

第一章

创造价值体系

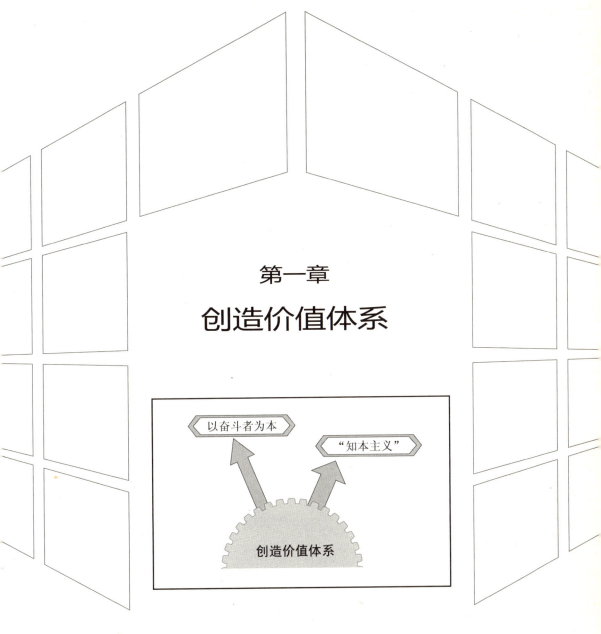

第一节　以奋斗者为本

华为自 1987 年创办以来，在 20 多年的时间里，成长为世界通信设备产业的领先企业，这不能不引起人们的关切：华为为什么能在世界高科技领域后来居上？华为是靠什么成长起来的？追根溯源，华为的成长来自于它的核心竞争力，而核心竞争力源自它的核心价值观，即以客户为中心，以奋斗者为本，长期艰苦奋斗。

任正非一贯倡导的艰苦奋斗精神是华为从小到大、从弱到强的基础价值观，或者叫最原始的文化基因，但如何让十多万富于不同个性与不同人格的知识分子认可并奉行不悖，就必须"以奋斗者为本"。这是一种赤裸裸的交换原则，但这恰恰是商业的本质所在；华为所推行的"工者有其股"不是简单的"市场经济条件下的社会主义大锅饭"，而是有差别的、建立在奋斗文化基因之上的、科学化的人力资源激励政策。

任正非表示："华为没有可以依存的自然资源，唯有在人的头脑挖掘出大油田、大森林、大煤矿……"当把 15 万知识型人才聚集在一起的时候，你才会深切地感到，尽管技术很重要，资本很重要，但更重要的还是人力资源管理。

　　2008 年，任正非在市场部年中大会上这样讲道："我们奋斗的目的，主观上是为自己，客观上是为国家、为人民。但主、客观的统一确实是通过为客户服务来实现的。没有为客户服务，主、客观都是空的。当然奋斗者包含了投资者及工作者。

　　什么叫奋斗，为客户创造价值的任何微小活动，以及在劳动的准备过程（例如上学、当学徒……）中，为充实提高自己而做的努力，均叫奋斗，否则，再苦再累也不叫奋斗。企业的目的十分明确，是使自己具有竞争力，能赢得客户的信任，在市场上能存活下来。要为客户服好务，就要选拔优秀的员工，而且这些优秀员工必须要奋斗。要使奋斗可以持续发展，必须使奋斗者得到合理的回报，并保持长期的健康。但是，无限制地拔高奋斗者的利益，就会使内部运作出现高成本，就会被客户抛弃，就会在竞争中落败，最后反而会使奋斗者无家可归。这种不能持续的爱，不是真爱。合理、适度、长久，将是我们人力资源政策的长期方针。

　　华为要想活得更好、更久，就必须不断面对组织的动力不足问题，并不断地通过更大规模、更有效的动力激活机制，抵御和消减（完全消除是不可能的）"组织疲劳症"。

　　组织的病症源于人，源于人性。西方组织管理学认为，人天生是自私的、懒惰的、贪婪的，正因为个人与生俱来的自私、贪婪、惰怠，所以，当这些携带着同样病毒的一群人，构成一个组织的时候，也同样就构成了对组织从发生、发展到终结的全部生命过程的挑战。

　　最大的挑战是什么呢？疲劳。一个人保持阶段性的活力、激情是容易做到的，一个组织保持两年、三年、五年的活力也是相对容易的。但是，持久地保持激情与活力，大概是组织领袖们所随时面临的难题。

一个新员工刚进到公司，开始是积极、向上的，八点上班他七点半就到，晚上下班以后还照样在办公室加班，但当一个新士兵变成一个"兵痞"，他就缺乏活力与激情了。当一匹马从战马变成懒马，变成病马的时候，这个马群一定会出现类似于传染病一般的普遍惰怠与散漫，普遍地不想作为。

任正非在与员工座谈时这样说："你看人生出来最终要死，那何必要生呢？人不努力可以天天晒太阳，那何必要努力以后再去度假晒太阳呢？如果我们从终极目标来讲，觉得什么都是虚无的，可以不努力。但这样就会产生悲观情绪。我们生命有七八十年，这七八十年中努力和不努力，各方面都会不一样的。在产生美的结果的过程中，确实充满着痛苦。农夫要辛勤耕耘劳动，才会有收获；建筑工人不惧日晒雨淋，才会有城市的美好；炼钢工人在炉火旁熏烤，才会有一个国家的钢筋铁骨，没有他们的努力，就没有你驾驶的汽车；海军陆战队员不进行艰苦顽强的训练，就会一登陆就命丧沙滩。少壮不努力，老大徒伤悲，我想各位考上大学，都脱了一层皮吧……所有一切，没有付出，是绝不会有收获的。没有肥料以及精心照料，是不可能有鲜花的美丽。当然这些都是必要的痛苦，都是为换取美好人生的必要代价。"

华为海外员工大概有两三万人，每天在空中飞行的华为员工大概有 1400 人。可以说，华为的国际化之路一直伴随着汗水、泪水甚至是殉职。2008 年，在国际金融危机冲击下，沃达丰、爱立信等世界电信巨头业绩纷纷滑坡，而华为全球销售收入同比增长 42.7%。没有华为员工"忘我努力地工作"，以及众多员工在海外的艰辛奋斗，取得这样的业绩是不可想象的。

在非洲等地，员工需要面临更多方面的压力。据华为一位在非洲工作的员工讲述，他所在的办事处在过去的两年时间里，一共被洗劫了两次，外加一次洗劫未遂，而歹徒每次都是"一锅端"，除了内裤什么都没留下。在非洲拓展市场过程中，很多华为员工都有不少困难和危险经历：疟疾这种可以致命的疾病，对很多华为员工来说成了类似感冒的常见病；枪林弹雨的电影情节，也真实地出现在了现实生活中；至今在华为刚果（金）代表处的办公室墙上，还残留着零乱的弹痕……

当然，这都只是华为海外员工的缩影而已。任正非在其题为《天道酬勤》的演讲中说道："中国是世界上最大的新兴市场，因此，世界巨头都云集中国，公司创立之初，就在自己家门口碰到了全球最激烈的竞争，我们不得不在市场的夹缝中求生存；当我们走出国门拓展国际市场时，放眼一望，所能看得到的良田沃土，早已被西方公司抢占一空，只有在那些偏远、动乱、自然环境恶劣的地区，他们动作稍慢，投入稍小，我们才有一线机会。为了抓住这最后的机会，无数优秀华为儿女离别故土，远离亲情，奔赴海外，无论是在疾病肆虐的非洲，还是在硝烟未散的伊拉克，或者海啸灾后的印尼，以及地震后的阿尔及利亚……到处都可以看到华为人奋斗的身影。我们有员工在高原缺氧地带工作，爬雪山，越丛林，徒步行走了 8 天，为服务客户无怨无悔；有员工在国外遭歹徒袭击头上缝了三十多针，康复后又投入工作；有员工在飞机事故中幸存，惊魂未定又救助他人，赢得当地政府和人民的尊敬；也有员工在恐怖爆炸中受伤，或几度患疟疾，康复后继续坚守岗位；我们还有三名年轻的非洲籍优秀员工在出差途中飞机失事不幸罹难，永远地离开了我们……十八年的历程，十年的国际化，伴随着汗水、泪水、艰辛、坎坷与牺牲，我们一步步艰难地走过来了，面对漫漫长征路，我们还要坚定地走下去。"

巴基斯坦代表处作为华为海外最大的代表处，员工超过千人，本地化程度高。代表处的华为员工们认为，工作的确是很艰苦，但也获得了更多的经历及体验。比如，在 1494 号站附近，据说那是巴基斯坦最热的地方。有一次，代表处员工的车开到水里去了，员工们就只好下去推车，没有想到水居然非常烫，像开水一样；在山顶上，能欣赏到在地面、峡谷刮起的龙卷风，由远及近，有时会同时看到四五个龙卷风，飞沙走石，场面非常壮观。这些都是工作给华为员工带来的奇妙经历。

面对艰苦的环境和高强度的工作压力，华为人没有被吓倒，而是以一种乐观、积极、自然的心态去面对，并从工作、学习、奋斗、追求、进步中去领悟自己的那份成就感与幸福感。

任正非在其早期题为《资源是会枯竭的，唯有文化才能生生不息》的演讲中谈道："上甘岭一定会出很多英雄……你们要加快自己成长的步伐，在艰苦的地方奋斗，除了留下故事，还要有进步……新时代比以前提供了更好的条件，每分钟都要学，一直都要努力奋斗，敢于去斗争，努力学习，一定会进步的。

　　"不要说我们一无所有，我们有几千名可爱的员工，用文化连接起来的血肉之情，它的源泉是无穷的。我们今天是利益共同体，明天是命运共同体。当我们建成内耗小、活力大的群体的时候，当我们跨过这个世纪，形成团结如一人的数万人的群体的时候，我们抗御风雨的能力就增强了，可以在国际市场的大风暴中搏击。"

　　"华为没有任何可依赖的外部资源，唯有靠全体员工勤奋努力与持续艰苦奋斗"，2007年，在华为内部文件《关于近期公司人力资源变革的情况通告》中有着这样的记述："不断清除影响我们内部保持活力和创新机制的东西，才能在激烈的国际化竞争中存活下去。历史和现实都告诉我们，全球市场竞争实质上就是和平时期的战争，在激烈竞争中任何企业都不可能常胜，行业变迁也常常是翻云覆雨，多少世界级公司为了活下去不得不忍痛裁员，有些已消失在历史风雨中。前路茫茫充满变数，非常不确定，公司没法保证自己能长期生存下去，因此不可能承诺保证员工一辈子，也不可能容忍懒人，因为这样就是对奋斗者、贡献者的不公平，这样对奋斗者和贡献者就不是激励而是抑制。幸福不会从天降，只能靠劳动来创造，唯有艰苦奋斗才可能让我们的未来有希望，除此之外，别无他途。从来就没有什么救世主，也不靠神仙皇帝，要创造幸福的生活，全靠我们自己。"

第二节 "知本主义"

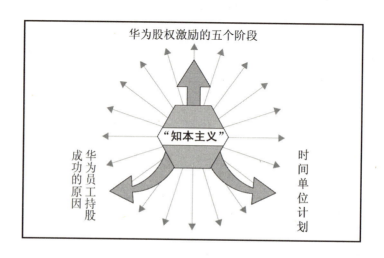

早在 1997 年前后，华为就在薪资水平上向西方公司看齐，不如此，就很难吸引和留住人才。为了同样的目的，创立初期，华为就在员工内部实行"工者有其股"，发展 20 多年后，当年并不值钱而且多年未分红的华为股票，现在成为员工最看重的资产。

2001 年前华为处在高速上升期，华为原薪酬结构中股票发挥了极其有效的激励作用，那段时间的华为有种 1+1+1 的说法，即员工的收入中，工资、奖金、股票分红的收入是相当的。员工凭什么能获得这些？凭借的是他的知识和能力，在华为，"知本"能够转化为"资本"。

任正非的理论是：知识经济时代是知识雇佣资本，知识产权和技术诀窍的价值和支配力超过了资本，资本只有依附于知识，才能保值和增值。

把知识转化为资本，知本主义实现制度是华为的创新。其表现在股权和股金的分配上，股权的分配不是按资本分配，而是按知本分配，即将知识回报的一部分转化为股权，然后通过知本股权获得收益。华为对人力资本的尊重还体现在华为基本法中。任正非在《华为公司基本法》起草过程中多次说道，"高技术企业在初期使用知本（知识资本）的概念是很准确的；资本要考虑知本和风险资本两个方面，知本要转化为风险资本，风险资本要滚大，否则不能保证企业的长期运作；风险资本既包括企业风险资本，也包括外部风险资本；在价值分配中要考虑风险资本的作用，要寻找一条新的出路。劳动、知识、企业家的管理和风险的贡献累积起来以后的出路是什么？看来是转化为资本。我们不能把创造出来的价值都分光了，而是要积累成资本，再投入到企业的经营中去。"

任正非在企业内部推行"工者有其股"的激励机制，让员工和企业共同奋斗，共同受惠，形成了一个有机的命运共同体。

华为有两大股东，一是代替员工持股的深圳市华为投资控股有限公司工会委员会，持股比例为99%；另一个股东为自然人任正非，持股比例为1%。[1]在华为的15万名员工中，已有8万人加入了持股计划，该计划当前对于公司股票的定价为每股5.42元人民币。2013年每股分得的红利为1.41元人民币，相当于以当前的价格买入将获得26%的收益率。

1　华为员工能拿多少钱，揭秘一个真实的华为[OL].中国经营网，2014

在华为深圳总部的一间密室里，有一个玻璃橱柜，里面放了 10 本蓝色的册子。这些厚达数厘米的册子里记录着约 8 万名员工的姓名、身份证号码以及其他个人信息，根据一项"员工股票期权计划"，册中的员工持有公司约 99% 的股份。

一个领死薪水的员工，不可能主动去帮客户想出创新的解决方案。但华为的员工因为把自己当成老板，待得越久，领的股份与分红越多，所以大部分人不会为了追求一年两年的短期业绩目标而牺牲客户利益，而是会想尽办法服务好客户，让客户愿意长期与之合作，形成一种正向循环。

自"工者有其股"的计划于 1997 年引入以来，华为股票价格的上涨幅度已经超过了五倍，同期深圳股票市场的涨幅为 250%，这与华为发展壮大的过程一致，最初的华为不过是一家在深圳的两间小公寓里创立起来的小公司。正如华为董事会首席秘书江西生所说："当时任正非常常谈到未来有多美好，但我们都认为他想得太远。现在这些梦想都已经实现了，这段时期是华为的黄金时代。"

华为股权激励的五个阶段

华为的成功，许多人归诸中国政府的支持，实际上，最支持任正非的是 15 万华为员工。因为任正非用了中国企业中史无前例的奖酬分红制度，99% 的股份，都归员工所有，任正非本人所持有的股份只占了 1%，造就了华为式管理的向心力。

出身贵州贫寒家庭，家中有 7 个兄弟姐妹，身为老大的任正非，从小就学会要与父母一同扛起责任。高中那年，一家人穷到得去山上挖野菜草根煮来充饥。偶尔有一块馒头，父母亲也会切成 9 等份，每个人只有一口，为的是让每个孩子都能活下去。

当时任正非的父母，把粮食存在一个个瓦罐中，没有孩子会去动。即使高三拼高考、饿到受不了的时候，任正非也只会放下书本，自己跑到郊外去采野菜，和着米糠烙着吞咽充饥。

"我们家当时是每餐实行严格分饭制，控制所有人欲望的配给制，保证人人都能活下来。不这样，总会有一两个弟妹活不到今天。"任正非回忆，即使每天要辛苦工作十几个小时养活一家人的父母，或是年幼的弟妹，从来也不会多吃一口。

"要活，大家一起活！"这意念从此深植任正非心中，成为他创业后坚持利益共享的基础。

全员持股是股权激励中风险较大的一种，但其收益也是显著的。当时，华为推动全员持股的行为，可以说是"敢为天下先"。它直接成为华为崛起的支柱，时至今日，华为仍然奉行着全员持股这一举措。华为内部股权激励始于 1990 年，至今已进行了四次大的股权激励。

1998 年正式出台的《华为公司基本法》之于华为是一份纲领性和制度性的文件，是华为价值观的总结，代表着任正非本人的管理思想。多年来，内容部分曾做过修订，但关于涉及员工持股的价值分配章节的内容，一字未动过。

在《华为公司基本法》第一章第四部分第十七条中，可以找到华为关于员工持股的纲领性的陈述：我们实行员工持股制度。一方面，普惠认同华为的模范员工，结成公司与员工的利益与命运共同体。另一方面，将不断地使最有责任心与才能的人进入公司的中坚层。

这个表述契合了合伙人制度中的几个关键概念：一是模范员工，二是利益与命运共同体，三是中坚层。

在分配的时候，企业家应该得多少呢？劳动的这些人又应该得多少呢？这与企业所处阶段有关系。

创业期股票激励

创业期的华为一方面由于市场拓展和规模扩大需要大量资金，另一方面为了打压竞争者需要大量科研投入，加上当时民营企业的性质，出现了融资困难。因此，华为优先选择内部融资。内部融资不需要支付利息，存在较低的财务困境风险，不需要向外部股东支付较高的回报率，同时可以激发员工努力工作。

1993 年初，在深圳蛇口的一个小礼堂里，华为召开了 1992 年年终总结大会，当时全体员工 270 人，第一次目睹了任正非满脸沉重、嗓音沧桑的真情流露。会议开始后，只见任正非在台上说了一句"我们活下来了"，就泪流满面再也说不下去，双手不断抹着泪水……

——这是一面镜子。从中可以窥见任正非创业初期经受的艰辛与屈辱，也可以看见后来采取共赢市场策略和全员持股时，他的内心有多么坚定。宁愿与所有人利益均沾，宁愿自己只占 1% 的股份，也要让合作伙伴、让员工和自己一起拼命把企业做大。

此时，华为已经具备了突出的成本优势，但它还需要市场规模。

没有强大的资金实力，成本优势再明显，也难以做大市场，那么规模经济之下的成本优势就体现不出来，华为就等于没有优势。关键是资金，但 1992 年华为销售收入只有区区 1 亿元，这点资金远远不够做市场。何况，研发也是一个需要花大价钱招收大量技术人员和连续投入大量资金的漫长过程……此时华为资金极为紧张，面临生死大考。

资金在哪里？

20 世纪 90 年代初，国外竞争对手们纷纷通过技术转让、与邮电系统甚至与当地政府成立合资公司等方式进入中国市场。任正非想，既然外资可以这样，自己拥有核心技术，为什么不可以呢？华为很快学到了这一点，而且做得更加彻底——华为不只是与一个地方的邮电系统合资，而是与全国的邮电系统合资，广泛吸收股份。

更绝的是，华为并不吸收只给予资金支持而没有业务往来的单纯资金，而是将风险投资的目标集中在各地既有市场又拥有资金的客户群即邮电系统上。也就是，邮电系统出资与华为合作组建一个新公司，华为入股并主导经营。这便是 1993 年得到广东省和深圳市支持，华为与全国 21 家省会城市邮电系统联合发起成立的合资公司——莫贝克公司，注册资金 8881 万元。华为给邮电股东们的年分红承诺达 30%。

对邮电系统而言，这是用自己的资金在自己的地盘做市场。让自己获利，自然全力以赴。

通过这种方式，华为与电信局客户之间形成了资金和市场的紧密联盟，就像硬币的两面，一面获得资金另一面获得市场。资金解决了，市场打开了，华为大转折，迈过生死关。高利润为华为带来了全新的经营思维。此时，手握大量现金的任正非，开始更深层面的经营策略：把高额利润带来的企业优势全部做足，以此激发出员工的所有激情，以"滚雪球"的方式，实现加速度和更大规模的发展。

于是任正非做出了两项决定：

一是实行全员高薪，激发员工潜力；

二是实行全员持股，形成企业内部的"全员利益共同体"。

全员持股为在创办的初期，作为民营企业，融资困难，为了吸引人才，任正非大量稀释了自己的股份，这就是华为的全员持股。

1990 年，华为第一次提出内部融资、员工持股的概念。当时参股的价格为每股 10 元，以税后利润的 15% 作为股权分红。那时，华为员工的薪酬由工资、奖金和股票分红组成，这三部分数量几乎相当。其中股票是在员工进入公司一年以后，依据员工的职位、季度绩效、任职资格状况等因素进行派发，一般用员工的年度奖金购买。如果新员工的年度奖金不够派发的股票额，公司帮助员工获得银行贷款购买股权。

华为采取这种全员持股方式，带来了以下两个好处：

①减少公司现金流风险，且内部融资无须支付利息，降低了财务风险，也不需要向外部股东支付高额分红。

②增强了员工的归属感。全员持股等于给员工描述了一幅愿景——在未来会有高额的回报。同时，由于全员持股，员工有了一种主人翁的意识，责任感和归属感也随之而来。

在股权激励和主人翁意识的驱动下，华为人夜以继日地奋斗着，即使拿着微薄的薪水、住着简易的农民房，他们始终保持高昂的战斗状态，期望着年底的奖金、分红，以及股权。

全员持股是一种绝佳的绩效激励措施，它以利益均沾的形式，让每个员工都心系公司命运，并为之努力提升个人和团队的绩效。

当时，华为员工自嘲道："这些躺在纸面上的'数字'不知何时能兑现。"但他们清醒地意识到，如果不努力，这些数字永远不会"复活"。

也就是在这个阶段，华为完成了"农村包围城市"的战略任务，1995年销售收益达到15亿元人民币，1998年将市场拓展到中国主要城市，2000年在瑞典首都斯德哥尔摩设立研发中心，研发技术上了一个新台阶，海外市场销售额达到1亿美元。2000年年底，华为的销售额已经突破了100亿元大关。

我们看到华为采取全员持股取得巨大成就的同时，还应注意到全员持股不是万能药，它存在的巨大风险，即无法兑现。那么，华为全员持股为何能如此成功，其原因，我们后面会讲到。

按照华为的内部股票制度和经营情况，如果一名有发展潜力的员工在1997年进入华为，1998年时拿到1997年年终奖金4万元，会分得8万元股票；1999年，8万元股票分红60%，同时分得1998年的奖金8万元，又会分得股票18万元。这时他在华为工作三年就拥有了26万元的华为股票，当然这些股票需要用现金来买，离职时按一定比例兑现。而且，公司分配给人才的内部股票，不买还不行，不买就意味着和公司不是一条心，会影响到下一步的升职、加薪。华为内部股票的分红比例，1992～1996年都高达100%，1997年为70%，之后递减到2002年的20%，一年发一次红利，红利自动滚入本金。过去华为有"1+1+1"的说法，即员工的收入中，工资、奖金、股票分红的收入比例相当。

任正非在其文章《天道酬勤》中这样写道："公司创业之初，根本没有资金，是创业者们把自己的工资、奖金投入到公司，每个人只能拿到很微薄的报酬，绝大部分干部、员工长年租住农民房，正是老一代华为人'先生产，后生活'的奉献，才使公司挺过了最困难的岁月，支撑了公司的生存、发展，才有了今天的华为。当年他们用自己的收入购买了公司的内部虚拟股，到今天获得了一些投资收益，这是对他们过去奉献的回报。我们要理解和认同，因为没有他们当时的冒险投入和艰苦奋斗，华为就不可能生存下来。我们感谢过去、现在与公司一同走过来的员工，他们以自己的泪水和汗水奠定了华为今天的基础。更重要的是，他们奠定与传承了公司优秀的奋斗和奉献文化，华为的文化将因此生生不息，代代相传。"

网络经济泡沫时期的股权激励

股权激励并非万能，当股权激励的力度不够大时，股权激励的效果也相当有限。华为公司刚开始所进行的股权激励是偏向于核心的中高层技术和管理人员，而随着公司规模的扩大，华为有意识地稀释大股东的股权，扩大员工的持股范围和持股比例，增加员工对公司的责任感。

2000年网络经济泡沫时期，IT业受到毁灭性影响，融资出现空前困难。2001年底，由于受到网络经济泡沫的影响，华为迎来发展历史上的第一个冬天，此时华为开始实行名为"虚拟受限股"的期权改革。

在经济危机时期进行股权激励，留住企业核心人才的同时也要开拓市场。在经济危机时期，很多企业的人才流失并非是裁员，而是当员工预期企业未来的业绩不好时，主动选择离职，以便有更多的机会寻找更好的工作。那么，对员工进行股权激励，一方面增强了员工的主人翁意识，另外一方面也有利于减少员工的流失率。同时股权激励是建立在未来盈利水平上的一种激励模式，公司不仅要实施股权激励，也要积极开拓市场，增加市场份额，以保证公司未来广阔的发展空间和稳定的现金流。

在此之前，华为几乎年年向员工配股，股票又从何而来？

2001 年后，华为公司实行了相应的员工持股改革：新员工不再派发长期不变 1 元 // 股的股票，而老员工的股票也逐渐转化为期股，即所谓的"虚拟受限股"（下称"虚拟股"）。虚拟股由华为工会负责发放，每年华为会根据员工的工作水平和对公司的贡献，决定其获得的股份数。员工按照公司当年净资产价格购买虚拟股。

拥有虚拟股票的华为员工可以据此享受一定数量的分红权和股价升值权，但是没有所有权，没有表决权，不能转让和出售，在离开企业时自动失效。

这就是说，假如华为向一名员工配"虚拟受限股"一万股，这或许并不表明华为需要增发一万股新股供认购。此外，"虚拟受限股"是否对应着华为相同数量的股份，这都是未知数。

虚拟股票的发行维护了华为公司管理层对企业的控制能力，不至于导致一系列的管理问题。总体而言，这个阶段华为的股权激励政策有以下三个特点：

1.新员工不再派发长期不变 1 元 / 股的股票；

2.老员工的股票也逐渐转化为期股；

3.以后员工从期权中获得收益的大头不再是固定的分红，而是期股所对应的公司净资产的增值部分。

期权比股票的方式更为合理，华为规定根据公司的评价体系，员工获得一定额度的期权，期权的行使期限为 4 年，每年兑现额度为 1/4，即假设某人在 2001 年获得 100 万股，当年股价为 1 元／股，其在 2002 后逐年可选择四种方式行使期权：兑现差价（假设 2002 年股价上升为 2 元，则可获利 25 万元），以 1 元／股的价格购买股票，留滞以后兑现；放弃（即什么都不做）。从固定股票分红向"虚拟受限股"的改革是华为激励机制从"普惠"原则向"重点激励"的转变。

"非典"时期的自愿降薪运动

2003 年，尚未挺过泡沫经济的华为又遭受"非典"的重创，出口市场受到影响，同时和思科之间存在的产权官司直接影响华为的全球市场。华为内部以运动的形式号召公司中层以上员工自愿提交"降薪申请"，同时进一步实施管理层收购，稳住员工队伍，共同渡过难关。

2003 年的这次配股与华为以前每年例行的配股方式有三个明显差别：

一是配股额度很大，平均接近员工已有股票的总和；

二是兑现方式不同，往年积累的配股即使不离开公司也可以选择每年按一定比例兑现，一般员工每年兑现的比例最大不超过个人总股本的 1/4，对于持股股份较多的核心员工每年可以兑现的比例则不超过 1/10；

三是股权向核心层倾斜，即骨干员工获得配股额度大大超过普通员工。

此次配股规定了一个 3 年的锁定期，3 年内不允许兑现，如果员工在 3 年之内离开公司的话则所配的股票无效。华为同时也为员工购买虚拟股权采取了一些配套的措施：员工本人只需要拿出所需资金的 15%，其余部分以由公司出面，向银行贷款的方式解决。自此改革之后，华为实现了销售业绩和净利润的突飞猛涨。

新一轮经济危机时期的激励措施

2008 年，由于美国次贷危机引发的全球经济危机给世界经济发展造成重大损失。面对本次经济危机的冲击和经济形势的恶化，华为又推出新一轮的股权激励措施。华为从 2008 年开始调整配股方式，实行新的"饱和配股"制度。具体来讲，就是以级别和考核为依据，设定员工当年的虚拟股配股数量。同时根据级别，设定员工的虚拟股总量上限。这一规定也让手中持股数量巨大的华为老员工们配股受到了限制，给新员工的持股留下了空间。

饱和配股模型如下图所示。

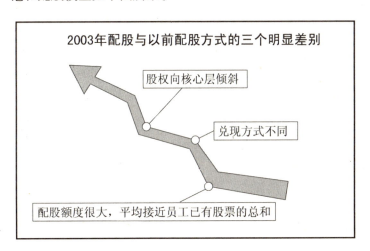

从模型中可以看出，不同职位级别匹配不同的期股量。例如，

职位级别为 13 级的员工，持股上限为 2 万股，14 级为 5 万股；其中收益呈波浪线，是因购买 / 分配数量不同而形成的。此外，持股已达到其级别持股量上限的，不参与配股。大部分在华为总部的老员工，由于持股已达到其级别持股量的上限，并没有参与这次配股。

华为的内部股在 2006 年时约有 20 亿股。按照上述规模预计，此次的配股规模在 16 亿 ~ 17 亿股，因此是对华为内部员工持股结构的一次大规模改造。这次的配股方式与以往类似，如果员工没有足够的资金实力直接用现金向公司购买股票，华为以公司名义向银行提供担保，帮助员工购买公司股份。

华为此次配股一方面缓解了资金压力，另一方面提高了员工收益，同时使绩效（期股）与职位等级挂钩，进一步完善了绩效分配机制，促使员工更加努力工作。

员工拥有虚拟股实际数量，占可配股总量上限的比例，称为"饱和率"。这样一来，2008 年之后出现的"饱和率"，成为华为员工，尤其是新员工的心理预期。

华为公司的股权激励历程说明，股权激励可以将员工的人力资本与企业的未来发展紧密联系起来，形成一个良性的循环体系。员工获得股权，参与公司分红，实现公司发展和员工个人财富的增值，同时与股权激励同步的内部融资，可以增加公司的资本比例，缓解公司现金流紧张的局面。

华为虚拟股一直被内部员工视为"唐僧肉"，其 2012 年每股分红达 1.46 元，总分红和奖金额度超过 125 亿元，给华为超过 6 万名持股员工创造了丰厚收益。

2010 年每股分红 2.98 元，2011 年为 1.46 元。2013 年每股分得的红利为 1.41 元人民币，相当于以当前价格买入将获得 26% 的收益率。2014 年对华为公司股票的定价为每股 5.42 元人民币，员工购买数万股需要几十万元。

时间单位计划

2013 年初,华为宣布国际化战略发生转移,将欧洲市场列为重点,并提出"欧洲企业在中国市场符合华为的战略诉求"口号。紧接着任正非与英国首相卡梅伦会面,并宣布在英国增加投资 130 亿美元。

在向欧洲战略倾斜的同时，华为表示，计划在未来三到五年内使其在欧洲地区的员工数量由现在 7000 人增至 1.4 万人。此外，还将在芬兰建立一座研究中心，专门负责新型智能手机的开发，投资 7000 万欧元。此时加大对陷入经济低迷与高失业率的欧洲市场的投入，是明智之举。与此同时，华为对于外籍员工适时抛出了股权激励机制。[1]

过去，员工持股计划是覆盖中方员工，但从 2013 年开始，华为公司推出了一项计划，使外籍员工也可以持股。

华为在 2013 年推出了名为"时间单位计划"（Time Unit Plan）的外籍员工持股计划，至 2014 年 1 月，华为外籍员工人数接近 3 万人。华为的外籍员工持股计划在 2013 年已经覆盖了全部优秀的外籍员工。

华为外籍员工工作两年后将拥有持股资格，这项计划属于虚拟

---

1 李晶，孟晚舟.华为还没有遇到天花板 [N].经济观察报，2014

股范畴，受激励员工并不能真正拥有股权，但可以以此获得分红权和股价升值收益。

华为员工持股成功的原因

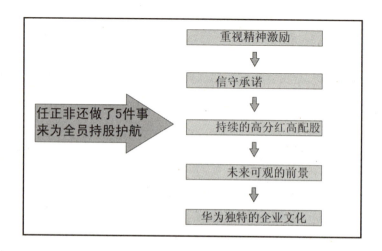

员工持股在 20 世纪 90 年代初期被认为是激励员工的有效手段，被相当多的中小民营企业采用，然而几年之后，能够生存下来的企业真正实施了员工持股计划的少之又少。那么究竟是什么原因导致了如此巨大的差别呢？难道真的是"橘生淮南则为橘，生于淮北则为枳"吗？

在当时，可以说几乎所有的企业都对员工持股计划一知半解，都没有什么经验，都是按照自己的理解在设计，但华为成功了，它的成功也绝不是偶然的。

华为的股权分配在华为内部称为虚拟受限股，任正非的股份占1%，剩下的股份由员工持股委员会代持。员工选出的代表进入董事会,掌控企业方向。我们看到华为采取全员持股取得巨大成就的同时,还应注意到全员持股不是万能药,它存在着巨大风险,即无法兑现。任正非没有在推行全员持股后,就高枕无忧。任正非还做了下面五件事来为全员持股护航。

1. 重视精神激励。

任正非通过慷慨激昂的演说、亲力亲为的行动激励着每一个员工。全员持股属于长期绩效激励目标,员工的斗志、热情很容易在漫长的工作中消磨殆尽,如此一来,全员持股就失去了激励的作用。任正非在平日的工作中十分重视员工的精神激励,使得员工始终精神饱满地投入工作。

2. 信守承诺。

华为当初的现金压力是非常大的,而吸引人才所需支付的薪酬又很高,也正是在这样的背景下,华为推出员工持股计划。这一激励手段确实能够起到激励和保留员工的作用,但同时它也有着很高的不确定性,为打消员工的疑虑和担心,任正非在每年的分红上,从来没有"爽约"过,这也让员工对公司的未来充满信心。信守承诺,是实施全员持股的基础,基础不在,对员工而言,高额的回报只是"画饼"。

不仅如此,华为还会每年请五大会计师事务所之一的德勤会计师事务所对公司进行财务审计,包括任正非本人出差期间在酒店干洗衣服的费用,这本应由个人支付,而不小心由公款报销都会被审计纠正,这就解决了员工的信任问题。

而且,离职的员工,只要按规定办完移交手续,立即退还购股款额，对于已经离职的员工尚且如此，更何况是在职员工呢！这样，彻底打消了员工尚存的疑虑，从而将员工持股计划的激励功能发挥到极致。

华为初创期全员持股的激励措施，以满足员工物质需求和精神需求为导向，积极发挥员工的主观能动性，从而稳定和改善了公司的绩效。

在华为1994年文章《寻求平衡，比翼齐飞》中这样写道："公司下一步发展离不开资金积累。在资金来源上，有两种可能性。第一种是开放资金市场，公司股权让公司以外的人来购买；第二种就是扩大生产，增加利润，自我积累。第一种方式来钱快，但这种钱不是好拿的，而且可能干扰我们的体制。我们是以劳动为本位，而不是资本为本位的体制。采取对劳动成果高度肯定的态度，以工资、股票等形式对劳动者给予报酬。尽管目前这种体制还是靠公司领导个人品质来维持，体制本身也处于探索中，但这种机制一定要规范化，以制度的方式存在下去。所以，华为既不能把资金全部寄托在资金开放上，也不能仅局限于自身的利润积累，而应在二者之间寻求平衡点。"

如果你持有内部股票，你还可以很容易地套现，拿走一大笔现金。1997年底，开发部副经理张××得到了8万股（每股1元）配股。当年华为是在10月1日开始配股的，凡是10月1日以后进入华为算是新员工，必须到第二年的10月1日才能分配内部股。而比他早去1个月，在9月进入华为的员工则参与了配股。他在华为工作了4年，就因为晚报到了几天，就比其他同事收入少了近30万元。虽然这是公司的规定，但仍让不少事先不清楚的员工倍感遗憾。该员工2002 年 1 月辞职的时候，华为的配股已经变成期权了，当时他的配股是按照一股 2.6 元人民币套现的。张 ×× 当初从原来的国营单位辞职，办理调动手续的时候，遇到了各种各样的刁难。他在原单位的工资是 800 元，先被扣了当年的奖金，又被索赔 1 万元。他找了很多领导求情，送礼又花费了几千元，才办好了辞职手续。而当他从华为辞职的时候，根本不用自己去跑，公司专门有一名人员给他办理完了所有的辞职手续。当他接过那一大笔沉甸甸的现金，才突然发觉这一次辞职是一个极大的错误。"华为真的很够意思。"这名员工说，"看来有的资本家还是很好的嘛！"另一位辞职的华为人说："华为对技术开发人员的确很够意思，像我 1995 年刚进公司的时候，他们就开出了 6500 元的月薪，后来慢慢涨到了 12000，加上其他的补助，拿到手上的数字还要高一些。"这位工程师在办好一切辞职手续后，意外地发现自己还拿到了一大笔年终分红，吃惊与意外之余说："我几乎都有点后悔离开华为了。"

3. 持续的高分红高配股。

为减少支付现金红利造成的财务压力，华为在每年高额分红的同时向员工高额配股，这样做的好处可谓一举多得：一是坚定员工持有和购买股票的信心，试想，如果每年不能分红或分红很少，员工必然对公司的盈利前景失去信心，还有谁会购买公司股票呢？二是避免了因分红给公司带来的现金压力，公司的现金总量并没有减少。正是由于对公司的前景充满信心，员工都乐于购买公司配给的股票。

如今，华为在内部发行的虚拟受限股约 110 亿股，每股股票价值 5 元左右。这相当于是内部的一个股票交易所，多年来华为在内部募集的资金甚至数倍于一些同行业在国内 A 股募集的资金。如果持股员工想要退出，目前华为采取按照企业增值估算的模式，将原有股本和增值部分一起退给员工。这种进退自如的方式获得了员工的认可，同时也为企业发展募集了宝贵资金，而持股员工也在华为的飞速发展里获得了不菲的股权收益。

比如，从 2000 年到 2010 年，上证指数从 2073 点涨到了 2808 点，增长了 0.35 倍。同期，假如投资上海的房子，增长 5.4 倍。如果投资华为的虚拟受限股，增值则达到 15 倍。

4. 未来可观的前景。

股权激励不是空谈股权，能在未来实现发展和进行分红是股权激励能否成功实施的关键。在行业内华为公司领先的行业地位和稳定的销售收入成为其内部股权激励实施的经济保证。根据 Informa 的咨询报告，华为在移动设备市场领域排名全球第三。华为的产品和解决方案已经应用于全球 100 多个国家，服务全球运营商前 50 强中的 36 家。2008 年很多通讯行业业绩下滑，而华为实现合同销售额 233 亿美元，同比增长 46%，其中 75% 的销售额来自国际市场。

华为 2013 年度财报显示，2013 年公司各项业务持续有效增长，实现全球销售收入 2390 亿元，同比增长 8.5%，净利润 210 亿元。2013 年华为基本实现了预期的经营目标。

华为过去现金分红和资产增值是促使员工毫不犹豫购买华为股权的因素之一。随着华为的快速扩张，华为内部股近几年来实现了大幅升值。2002 年，华为公布的当年虚拟受限股执行价为每股净资产 2.62 元，2003 年为 2.74 元，到 2006 年每股净资产达到 3.94 元，2008 年该数字已经进一步提高为 4.04 元。员工的年收益率达到了 25% ~ 50%。如此高的股票分红也是员工愿意购买华为股权的重要原因。

5. 华为独特的企业文化。

虽然绝大多数员工都选择用分得的红利购买配股，仍有少部分员工选择领取现金红利，对于这部分员工，华为绝不拖欠。但到了第二年，这部分员工看到其他员工又能分得可观红利，他们一定会后悔当初的选择，结果还远非如此，华为的企业文化绝对是奖励认同公司价值观的员工，对于那些对公司抱有怀疑态度的不坚定分子是不会重用的，他们在公司的发展前景会很暗淡，这样的文化氛围进一步支持了华为的员工持股计划。

华为早期的员工持股计划成就了今天的华为，它的成功不是偶然的，是任正非的诚信和无私，是华为的企业文化等众多因素综合作用的结果。

有些主管猎来外企的高管，比如说无线的高手，可能从瑞典、韩国找来的高手工资比自己的还高。这不是这些主管思想觉悟高，而是与华为分配制度有关。华为实行全员持股，工资收入外还有股权的收入，只有饼做大了，股权回报才能提高。公司如果维持原来规模，股权回报是一定的，但是公司成倍增长，即使股权相对值变小，但是绝对值是增多的。

任正非表示："华为股票之所以值钱，是因为华为员工的奋斗，如果大家都不努力工作，华为股票就会是废纸。是你们在拯救公司，确保财务投资者的利益呢！作为财务投资者应该获得合理回报，但要让'诺曼底登陆'的人和挖'巴拿马运河'的人拿更多回报，让奋斗者和劳动者有更多利益，这才是合理的。"

　　华为要确保奋斗者利益，若奋斗不动了，想申请退休，也要确保退休者的利益。不能说过去的奋斗者就没有利益了，否则以后谁上战场呢？但是若让退休者分得多一点，奋斗者分得少一点，傻帽才会去奋斗呢？因为将来我也是要退休的，如果确保退休者更多利益，那我应该支持这项政策，让你们多干活，我多分钱，但你们也不是傻帽。

"伪奋斗者" 的奋斗路

2013年11月11日，大队培训。第一次接触华为核心价值观，我有一些抵触。我供职的上一家公司，无论运作方式、员工的工作理念和生活理念，都和华为相去甚远。很多人也说，去华为就是很苦，就是要加班，身体和精神上都要付出很多。

但是，在看了几部关于华为的影片和几段任总讲话后，我却有了不一样的感觉，因为这些故事都是平实朴素的大实话。反观进入华为的这六个月，因为华为核心价值观的牵引，自己才发生了很大的转变。

零下30℃，心在烧！

2013年11月18日，我去部门报到时，得知部门主管和导师全部出差，短期内不会回来，心情有点低沉。于是埋头苦学两星期，把IT产品线的产品熟悉了一遍。通过和部门同事的沟通，也了解了部门的运作模式和主要工作职责。而且还发现，同事开会特别频繁，经常晚上开会到八九点。除了惊讶我还有点佩服。

2013年12月，我临时被派去克拉玛依支持云计算中心项目。坐了8个小时飞机，过了一夜，又坐了8个小时汽车，才终于到目的地。当时正值寒冬腊月，一下车零下30℃的气温直接让我双手双脚发麻，鼻涕眼泪全冻出来了。戴了手套、帽子，还是觉得冷。这里天亮得早黑得晚，但每天天不亮就得去现场和客户交流、梳理业务，天黑了才回宿舍。

在接下来的几个月里，我参与了若干个项目的规划和支撑。感觉就是忙，非常忙！虽然以前我也是多线程工作，但是现在的线程是以前的3倍甚至4倍，却一个人承担下来了，而且做得很开心很有激情。支撑这样变化的，就是乐观向上、不断进取的精神，它让我面对压力和困难时，选择淡定和直面，而不是慌张和逃避。我喜欢这样的感觉。

两周完成迁移，玩命干！

3月份，我突然接到一线关于国家气象局云计算虚拟化专业服务的需求，当时我们只有一个未验证过的工具和几页说明文档。然而，一线的炮火召唤就是命令，带着些许顾虑，我硬着头皮去了北京。

第二天跟客户开会，客户对我们的迁移能力持怀疑态度，明确表示这次任务就是要对华为在这方面的能力进行测试和评估。怎么办？好好干吧！定义好了工作范围和工作界面，我就开始设计迁移方案，但因为工具的种种限制和说明文档的残缺不全，设计异常困难，动不动就卡壳，我铆足了劲与开发人员沟通，催他们提供材料，修改有问题的地方。

经过两个星期的努力，迁移方案终于出炉了。客户没有想到我们会将替换方案做得如此细致，并同意调整迁移的系统数量以减轻双方的工作量。能得到客户这样的认可，对我来说是莫大的鼓励。

方案输出一个月后，客户正式提出了迁移要求，从准备到交付再到验证，要求两周内完成，这比我的预计少了整整一半时间，简直是不可能完成的任务！当晚，我和研发的一位兄弟去客户现场收集系统信息。接下来的两周基本是在没日没夜的惊险和压力下度过的，一次次的迁移卡壳，一次次的配置问题，都被一一化解。经历众多磕磕绊绊后，凭借研发的通力支持和现场人员的丰富经验，我们终于按客户目标完成了迁移任务，而且对客户的虚拟化平台进行了统一配置管理的梳理，帮客户解决了虚拟化设备管理难的问题。

周五完成任务的时候，客户特意把我送到了楼下。我很感动，不用语言上的感谢，客户的行动已经表达了对华为的认可，这就足够了。

4月底，我入职华为满半年，转正答辩优秀。作为一个刚开始不太接受华为核心价值观的"伪奋斗者"，经过半年的奋斗，思想上心甘情愿成了一名奋斗者。

还记得我入职华为时，部门领导问我对客户服务有什么看法时，我说："把客户想成是我自己，客户的需求就是自己的需求，客户的难处就是自己的难处。真正做到了，客户自然也会把我的事情当成他自己的事情。"

（本文摘编自吴涛《"伪奋斗者"的奋斗路》，《华为人》.2014.9）

彼得·德鲁克：
管理知识工作者的四大要点

在经济发达国家中，直接的生产工人，如机械工、泥瓦工和农民等在劳动力中所占比例正在持续下降。而会计师、工程师、社会工作者、护士、计算机专家、教师和研究人员等"知识工作者"则迅速增长。其中，增长最快的群体是管理人员。在今天的美国劳动力大军中，靠知识而不是体力谋生的劳动者是最大的群体，也是工资最高的群体。

这些人的收入通常并不取决于供需状况或生产率。他们的工资和额外津贴跟直接进行生产的体力劳动者同步增长。如果机械工的工资增长了，工长的工资也会以相同的比例自动增长，企业中的其他员工直至总经理的工资都将相应上升。

但是值得怀疑的是，这些知识工作者的生产率是否真的提高了？比如，我们是否有理由相信现在的学校教师比 1900年的教师生产率更高？是否有证据表明今天的工程师、科研人员、会计师，乃至管理者比20世纪初的同行们生产率更高？

然而知识工作者却动辄满腹牢骚，或者至少是对现状感到不满。他们获得的待遇极其优越，从事的工作也很有趣，而且不像以前那样耗费体力。但是我们现在经常听到的"疏离感"和"不满"并不常见于工人阶级，而是普遍存在于受过良好教育的中产阶级知识工作者当中。

我们不知道如何测试知识工作者的生产率及其满意度，但我们知道如何提高他们的生产率和满意度。实际上，社会和经济对高效知识工作者的需求与知识工作者对个人成就的需求虽然明显不同，但却同样可以通过对知识工作者的管理来满足。

第一，我们知道，强化知识工作者的责任心是提高其生产率和成就的关键。所有的知识工作者，不论是初出茅庐的底层工作人员，还是公司的 CEO，每年至少应该问一次这些问题："你对公司的贡献与你工资单上的数字相称吗？本公司（医院、政府部门或大学）在贡献和成果方面应该对你提出什么要求？你知道自己的目标和任务是什么吗？你准备如何实现？"

对知识工作者的管理中，首要工作是引导其共同承担责任，而不是独自努力。然而这一工作却很少受到关注。工程设计部门经常在完成设计之后才发现，自己呕心沥血研发出来的产品投入市场后无人问津。

第二，知识工作者必须能够评价自己的贡献。常有人说研究工作是"无形的"，因而也无法评价，但这不是事实。

任何一个真正有绩效的研究部门（可惜这样的研究部门只是特例），其成员每年都要有一次或两次跟管理层坐在一起，认真讨论以下两个问题："在过去两三年中我们做出了什么贡献，真正为公司带来了改变？在今后两三年中我们又该努力做出什么样的贡献，为公司带来改变？"

贡献有时候可能的确难以衡量，对贡献的判断也具有争议。例如，某项生化研究工作历时 5年有了新的发现，这一发现有可能导致一种疗效更高的新型合成药物出现；另外一项是糖衣阿司匹林药片的研发，虽然科研价值不高，也不能对提高儿科药物的疗效起到多大作用，但却因为儿童爱吃而迅速提高了公司的销量和利润。两者相比，究竟哪个贡献更大？

如果不要求知识工作者认真思考这些问题，并对自身的贡献进行回顾、评价和判断，他们就不会把着眼点放在做贡献上，甚至还会不满、没有成就感，最终离心离德。

第三，最重要的一条规则也许是让知识工作者做他们的本职工作，但这恰恰是管理人员很少注意到的。如果不能发挥所长，再强烈的热情和积极性都会被扼杀。然而现实却是，销售人员的本职工作是销售，他们也知道这一点，可是却往往由于管理部门强制要求的文书工作而占用他们的时间，无法开展销售工作。在一个又一个实验室中，拿着高薪、科研能力强的科学家无暇进行科研工作，反而不得不参加没完没了的会议，既无法做出贡献，自己也一无所获。

管理者也许懂得这个道理，但却很少意识到自己或公司的什么行为妨碍了知识工作者发挥专长。解决问题的办法只有一个，那就是询问每一个知识工作者（或者他所属的团队）："作为你的经理，我和整个公司的管理层能为你做些什么，以帮助你专心做好你的本职工作？我们做了哪些妨碍你专心工作的事情？具体来说，我们是否给了你足够的时间、信息和工具来从事你的本职工作？"

第四，知识是一种高级资源，知识工作者价格不菲，因此，为他们提供合适的职位是充分发挥其生产力的关键。首要规则是：机会要给那些善于抓住机会并能将其转化成效益的人。要想使知识工作者发挥作用，就必须密切关注管理咨询公司和法律事务所所说的"任务控制"。正因为知识工作者的实际工作效果很难评估，所以管理者必须知道什么人在什么位置上最有生产力、最能产生效益。

定期对主要工作岗位人员的工作情况进行调查和划分级别，是对知识工作者进行有效管理的必要途径。还要考虑这些问题："谁是我们可以利用的、有工作绩效的人，无论他们是研究员还是会计师，是销售人员还是管理者，是制造工程师还是经济分析家？这些人现在承担什么工作？他们的工作是否真的有效益？是否有用人不当致使他们无论怎样努力都无法取得效益的情况？"

除非做到这些，否则对员工的工作安排就只能按照组织的需求，也就是说按照业务量而不是员工的重要性和做出贡献的潜力。一旦他们被放错了位置，无论他们积极性多高、资质多好、多敬业，也不会产生多大效益。

另外，还必须确保知识工作者被安置在能够发挥他们优势的位置上。任何人都不是全才，在日趋专业化的知识型工作中更是如此。这位知识工作者能够做什么？他（或她）擅长做什么？他在什么位置上能够充分发挥自己的优势从而创造最大的效益？

大部分企业和组织花费大量的时间和资金用于招聘新员工，并希望他们能成为知识工作者。但是在这个阶段，企业对这些新员工几乎一无所知——除了他们的在校成绩，而这其实跟未来的工作能力关系不大。就知识工作者来说，真正的人事管理工作要在一段时间之后才开始，因为只有这样才能知道每个人擅长做什么，从而把他们安置在最适合的岗位上。

体力上的优势是可以叠加的，两头牛能拉动的重量相当于一头牛所拉重量的两倍。技能可以细分，三个人各掌握某项技能的一个方面（比如把桌子腿粘到桌面上），那么他们三人合作可以比一个精通各种木匠技能的工人完成更多工作。但在知识型工作中，两个庸才都比不上一个有能力的人，更不用说两倍了。他们会互相妨碍，所产生的效益远远低于一个有能力的人。因此，在知识型工作中，要根据能力来进行工作安排。这就意味着要始终注意把知识工作者安排到能够让他们发挥优势、做出贡献的位置上。

知识可能是最昂贵的一种资源，知识工作者的实际价值也远远高于他们的工资。他们每个人都代表着一笔非常可观的资本投资——在学校学习期间以及学徒期间，因为这时他们主要是在学习而不是在做贡献（就像每一个总工程师所知道的，刚毕业的大学生往往需要 5年的时间才能胜任工作）。每一位年轻的工程师、会计师或市场调查员在开始通过他们的贡献回报社会和雇主之前，都需要一笔 10万 ~15万美元的"社会资本投资"。其他任何资源都不能同时具备"资本密集型"和"劳动密集型"的特性，只有管理才能将知识工作者转变为一种生产性资源。

没有人像知识工作者那样期望自己做出成就和贡献。换句话说，如果无法取得成就，知识工作者的不满情绪也是最严重的。

因此，如果不对知识工作者的生产率进行管理，就会造成通货膨胀方面的经济压力，并且会导致这种瘟疫般的不满情绪在社会上迅速蔓延。我们确实无法测试知识工作者的生产率和满意度，但是我们知道如何去提高它们。

（本文摘编自德鲁克著、林克译《变动世界的经营者》.东方出版社，2010.7）

联想：办公司就是办人

管理学大师德鲁克认为："企业只有一项真正的资源'人'。"被誉为全球第一CEO的杰克·韦尔奇称通用电气就是"人的企业"，他一直在运作着一个"人力资源工厂"。柳传志则认为："办公司就是办人。"对于这个既有哲理又很通俗的理论，柳传志是这样表述的："从学术的角度来看，'办人'实际上就是如何经营与管理人才。一个成功的企业家首先应该是识人、选人的专家。"

柳传志多次强调说："联想之所以能够发展到今天，靠的就是人。"在他看来，没有"建班子"，"定战略"和"带队伍"都是无从谈起的，这充分反映了柳传志对"人"的重视，把人作为办好一切事情的主体因素。一直以来，联想对干部的选拔都很用心。那么，柳传志是从什么时候开始关注办公司就是办人的呢？

与柳传志曾共事过的一位联想老员工王平生在一次访问中回忆："我1990年进入联想时，由于管理制度不健全，有一个部门经理在经济上犯了错误，1989年被送到了公安局(这个人后来进行了深刻的反思，并能悔过自新，从头创业，现在生意做得非常好)。对此，有些年长一辈的老人指责：'一个清华的高才生，怎么到我们这里来没两年就给毁了？我们公司到底是干吗的？'当时，这事引起了柳传志的深刻自省：老员工说得对，联想没有尽到责任。也就是这个时候，柳传志找到我，让我来联想专门负责人力资源工作。我以前在中国科学院担任党组秘书，参与了多年组织人事工作。"

这件事是柳传志对人认识的一个转折点，此后，柳传志所有以人为本的思路都是由此展开。他一直沿着"要关心人、造就人"这条主线在寻求公司发展的正宗。事实也证明，如果不在人的能动性上下功夫，只凭最初 20万元的启动资金是没有办法把公司发展到今天这种程度的。

也是从 1990年开始，联想就通过各种各样的方式，把一个个年轻人推到重要的位置上。联想的核心骨干应该是用心培养出来的，而不是随意从职业经理人才市场临时选择，像杨元庆、郭为、朱立南等，都是联想自己培养的人才。

柳传志表示："我做企业的 20多年，体会最深的还是关于人本身：什么样的人到底能起多大的作用？有些人确实能在某一个领域成为通才，就是因为他对管理的基础掌握的非常厚实，而掌握管理基础不光是一个能力的问题，还有德的问题。像'建班子'，如果第一把手不是具有特别的德行，他很难把班子建好，他要把企业利益放在第一位，还要有心胸，有肚量，有一套控制企业的人格魅力，等等。"

第二章

价值评价体系

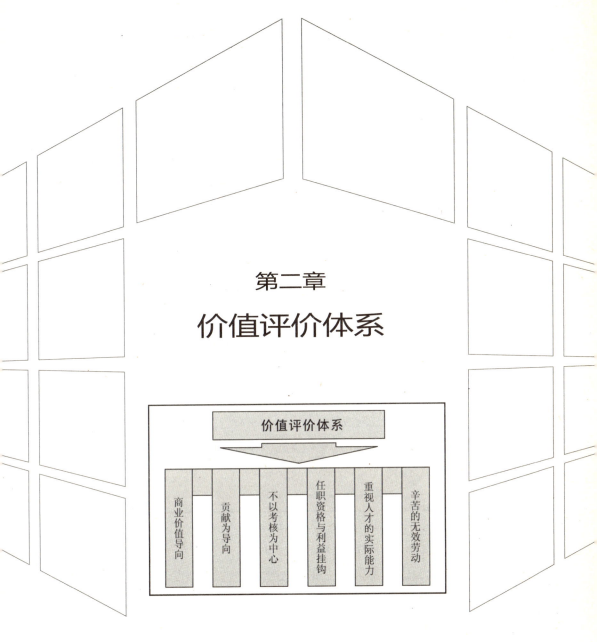

价值评价体系

商业价值导向　贡献为导向　不以考核为中心　任职资格与利益挂钩　重视人才的实际能力　辛苦的无效劳动

HUAWEI

第一节　商业价值导向

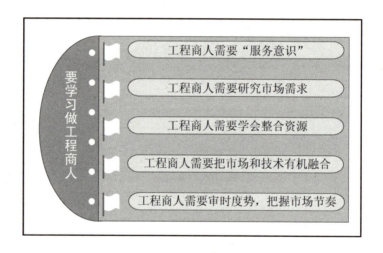

　　"紧紧抓住产品的商品化，一切评价体系都要围绕商品化来导向，以促使科技队伍成熟化。我们的产品经理要对研发、中试、生产、售后服务、产品行销等负责任，贯彻了沿产品生命线的一体化管理方式。这就是要建立商品意识，从设计开始，就要构建技术、质量、成本和服务的优势，这也是一个价值管理问题。"任正非强调华为的工作开展及绩效评价都要以商品化为导向。这体现了华为在执行上最朴素的要求"满足客户需求"，为公司创造价值。

　　贝尔公司研发了半导体的产品，瑞士则是第一个开发出精工表的国家，但它们都没能像日本一样，将技术成功地转化为商品，获取应有的市场价值。正如华为人说的那样，技术是用来卖钱的，卖出去的技术才有价值。

　　华为要求不做市场不需要的发明。针对产品研发偏重技术而非市场需求导向的问题，任正非用了一个非常形象的比喻："华为没有院士，只有'院土'，把'士'的下面一横拉长一点。要想成为院士，就不要来华为。"

　　这里的"院土"，就是任正非常说的"工程商人"。华为倡导的"工程商人"，本质含义是什么呢？华为的理解是"抛弃纯粹的技术倾向，谋求产品的利润最大化"。

　　"工程师文化"和"工程商人文化"究竟有什么差异？怎么样才能做一个合格的工程商人呢？工程师文化关注的是纯技术导向，有着非常强烈的技术倾向。而工程商人文化需要工程师把产品研发看成"投资"行为，而投资就要考虑投入产出比。

　　要学习做工程商人，就要学着经营产品。这就要求工程师具有更多的商人思维，具体而言，应表现在以下几个层面：

　　1.工程商人需要"服务意识"；

　　2.工程商人需要研究市场需求；

　　3.工程商人需要学会整合资源；

　　4.工程商人需要把市场和技术有机融合；

　　5.工程商人需要审时度势，把握市场节奏。

　　华为内刊《华为人》中曾记载了这样的一个事例，"我们从经济学的角度来看，也许会有些新的启示。发明是一项实践的科学，也是一项机会成本很高的投资，一个发明往往动辄就需要进行上千次试验，还不一定能成功，这除了需要发明家的灵感与毅力之外，也要耗费大量的金钱，这也是很多伟大的发明不是出自大学或研究院而来自工业界的原因。

"爱迪生不是一个纯粹的科学家，他所进行的发明都有很明显的功利目的；但他又不是一个纯粹的商人，他赚钱的目的是为了支撑其发明事业。爱迪生以市场需要、实用性为导向的发明原则，为他带来了可观的收入，保证了其发明事业的可持续性，使他能以发明养发明，犹如活水而源源不断。

"1868 年，爱迪生获得了第一项发明专利权——一台自动记录投票数的装置。爱迪生认为这台装置会加快国会的工作，它会受到欢迎。然而，一位国会议员告诉他说，他们无意加快议程，有时候慢慢地投票是出于政治上的需要。从此以后，爱迪生决定，再也不搞人们不需要的任何发明。"

华为是电信设备制造商，在华为，无论是做系统架构的，还是做应用软件开发的，研发人员喜欢把自己叫通信工程师，华为的资深研发工程师对电信运营业务了解的深度，与电信运营商相比相差无几。在产品设计时，他们关注的焦点不是技术的先进性，而是产品的可用性、客户的满意度。因此，在日常工作中，研发人员与市场销售人员、与客户的交流是相当频繁的。

在华为的发展历程中，有一次惨痛教训是华为人永远忘不掉的。

1992 年，郑宝用带领着十几个开发人员，准备开发局用机。当时，他们只有开发模拟空分用户机的经验，对开发局用机则一无所知，于是决定开发模拟空分局用交换机，并命名为 JK1000。

1990 年，中国的固定电话普及率只有 1.1%，排名世界 113 位。1992 年，华为预测，按照中国电信产业的总体目标，2000 年固定电话普及率在 5% ~ 6% 之间，因此，先进的数字程控交换机在中国不适用。

结果，事实并非如此，到 2000 年时，中国固定电话普及率比预想的数据高出 10 倍之多，这注定了 JK1000 的命运。

1993 年年初，在华为投入了全部的开发力量和巨额的开发费用后，JK1000 成功问世，并在 5 月份获得了国家邮电部的入网证书。在市场推广上，华为也志在必得。

然而 1993 年年底，数字程控技术得到普及，华为的 JK1000 空分交换机刚推出就面临了没有市场的危险局面，很快市场便被数字程控交换机取代了。

这次惨痛的经历让任正非意识到华为的研发执行团队必须从技术驱动转变成市场驱动，紧紧抓住产品的商业化，坚持不研发"卖不掉的世界顶尖水平"。任正非要求华为员工不能像早期的贝尔公司一样，只懂得研发新技术，不懂得将技术转化成商品。

工作要以成果为导向，并不只是要求研究部门要以商品化为导向，更是要求所有部门及员工都要以商品化的思维去组织工作。只有这样，才能够充分发挥整体合力的优势，实现最终产品（服务）的商品化目标。华为无论在市场拓展还是研发上，都充分发挥各部门的合力优势，占领市场。

　　1996 年中国电信市场上接入网产品的机会点突然出现，邮电部允许原交换机局通过 V52 技术接口带其他厂家的用户模块。但是一开始华为中研部的接入网产品发展得并不好，原因是接入网产品与交换机业务部的远端模块冲突，而当时交换机业务部又是华为中研部第一大部门。由于起初只是在一个部门发展，接入网产品的内部研发资源得不到保障，研发进度较慢。眼见着老对手中兴的接入网产品在市场上的占有率大为提升，新对手 UT 斯达康也借接入网产品在中国市场上发展起来，华为公司市场部频频向公司总部告急。任正非把当时的中研部总裁李一男叫去狠狠地批评了一顿，给李一男醒了醒脑。1996 年年底，中研部专门成立了由多媒体业务部、交换机业务部、传输业务部、无线业务部共同参与的跨部门接入网新产品攻关项目组，以求资源共享，发挥产品和技术间的组合优势，增强核心竞争力。各个业务部均安排核心骨干人员参加项目组，在项目组的统一安排下进行集体技术会战和技术资料的统一制作。除骨干人员参加外，各业务部对接入网产品的相关内容也进行了会诊，并针对接入网的版本做了新的开发。跨部门项目组成立后，华为公司在三个月的时间内，就一举突破了新产品的关键技术问题，而且在如何创新地组建接入网络，发展电信新业务（如 ETS 无线接入、会议电视等）方面，率先提出并实现了新的业务应用。华为各业务部的通力配合使得华为公司无论在功能上还是在成本上都有差异化竞争力的接入网新产品出现。

　　华为中研部的接入网产品起初发展并不好，这是因为中研部独自开发，未能进行资源和信息共享，导致研发的产品无法与其他模块对接。在后来建立了跨部门的研发团队，从各方面需求进行会诊，确定最佳接入网产品设计方案，最终一举突破了关键技术问题。可见业务执行要以成果为导向的重要性，不考虑成果，只能无谓地浪费资源和机会。

在华为，为了更好地推动商品化导向的执行思维和行动力发展，所有的工作都要遵守和接受以结果为导向的评价和考核原则。[1]

2005 年，任正非在关于华为大学与战略后备队的讲话中这样提到："要明确员工在华为公司改变命运的方法只有两个：一是努力奋斗；二是提供优异的贡献。贡献有潜在的、显现的；有短期的、长期的；有默默无闻的，甚至被人误解的。我认为认知方面的能力等不能作为要素确定员工的命运，就是我们打比方说过的茶壶中的饺子，倒不出来，不产生贡献，就不能得到承认。要通过奋斗，形成结果，才能作为要素。"

1　孙科柳 . 华为执行力 [M]. 北京：电子工业出版社，2014

第二节　贡献为导向

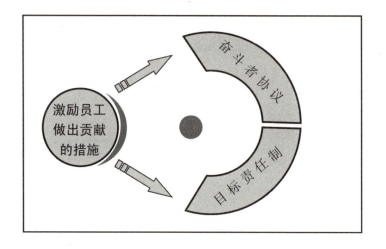

　　在薪酬待遇体系上，有贡献才能有回报，要强调贡献以及实现持续贡献的能力来评定薪酬、奖励。

　　邓小平有一个著名的"不管黑猫白猫，捉住老鼠就是好猫"的理论，反映了他注重效果，崇尚求实务实，反对形式主义的思想。

　　唯有贡献，才会有好的报酬。华为不断为员工提供着成为奋斗者的机会。

　　1.奋斗者协议。华为会与13级以上的员工签订奋斗者协议，内容包括组织安排去一些艰苦的地方等。员工签署协议则会有5万元的奖金，还会享有加薪、优先配股等待遇。

　　2.目标责任制。员工可以与公司签订项目目标责任书，只要在期限内保质、保量完成任务，就可以领取预定的奖金。

总之，华为有许多激励员工做出更多贡献的措施。

2009 年，任正非在后备干部总队例会上这样说道："知识是劳动的准备过程，劳动的准备过程是员工自己的事情，是员工的投资行为。"这种投资行为要获得回报，要以在实践中的结果做检验。

任正非注重效果，他除了强调绩效与贡献外，同时他还要求关注在关键事件过程行为上的考核，也就是既注重效果，也参考关键事件的过程，让员工更好地处理种庄稼与打粮食的关系，更好地解决短期效益与长期效益的关系，更好地平衡眼前收益与未来发展的关系。

2005 年，华为 EMT（经营管理团队）的会议中这样记载道："公司给员工的报酬是以他的贡献大小和实现持续贡献的任职能力为依据，不会为员工的学历、工龄和职称以及内部'公关'做得好支付任何报酬，认知不能作为任职的要素，必须看奋斗精神，看贡献，看潜力。"

2012 年，任正非在基层作业员工绩效考核试点汇报会上的讲话："基层员工的考核，劳动成果放在第一位，劳动技能放在第二位。"

早在 1996 年，华为的会谈纪要中就有着这样的记载："作为一个公司，我们追求的不是先进性而是商业性，这与学校的学术研究是有区别的。你们认为很有学问的人，在我们公司可能待遇并不高；你们认为并不是很有学问的人，在我们公司可能待遇很好。因为我们的评价体系不一样。学校是以学术来作为评价体系的标准，我们是以商业性来作为评价体系的标准，两个不同评价体系不可能产生混合。"

任正非更是强调："我们要培养商人，不是培养教授，不要搞学术论文。我们的价值评价体系要调整，涨不涨工资要看你是否为公司创造利润，而不是看你的学术论文有多好。""公司对人的评价是现实的，不在你理想有多大，而在于你的实际贡献。"

华为给员工定报酬向来都是不看职位看贡献的。任正非指出："进入华为并不意味着高待遇，因为公司是以贡献定报酬，凭责任定待遇的。对于新来的员工，因为没有记录，晋升较慢。"在任正非看来，一个人拿多少报酬，要凭自己的真本事。实际上这体现了一种公平竞争的原则，不论资排辈、不投机取巧，只要做出贡献，人人都可以拿到高薪。正是这种激励观念及机制，激励着一代一代的华为人。

华为为了鼓励更多的奋斗者，创造更多的奋斗者，坚定不移地执行按贡献大小拿待遇。任正非指出："我们从来不强调按工龄拿待遇。调薪时候经常有人说，'工资好几年没涨了，是否要涨一点工资'。我说这几年你的劳动质量是否进步了？你的贡献是否大了？如果没有，为什么要涨工资？我们有的岗位的职级要封顶。有些岗位的贡献没有变化，员工的报酬是不能随工龄增长而上升的。我们强调按贡献拿待遇，只要你的贡献没有增大，就不应该多拿。"

任正非认为没有贡献的人，是没有资格涨工资、分配股票的。公司多了"不打粮，光吃饭"的人，不仅成本负担会越来越大，更重要的是，这些人占用了宝贵的资源，直接降低了公司所创造的价值。同时，这类人的出现，潜在地"营造"了一个不公平的环境，使更多的人不愿意付出。

第三节 不以考核为中心

现在，几乎没有一个企业是没有考核的。但是，物极必反，绩效考核不能走向极端。否则，就难免落入事半功倍困境之中。许多企业，尤其是管理严格的大企业，其绩效考核似乎都走入了一种歧途：从上到下，从内到外，从月到年，从环比与同比，从销售额到利润，从总量到结构……一级压一级，一环扣一环。在这种几乎令人窒息的考核体系中，每一个部门、每一个员工完全失去了积极性与能动性，只是一味地在疲于应付，为考核而考核……

华为也曾出现过这样的问题。1997年，任正非在基本法第四稿修改会议上这样讲道："华为公司形左实右的情况很严重。生产总部对插件工也考基本法，考不好还把人家给辞退了，莫名其妙。基层员工踏踏实实做好本员工作，遵守道德规范就是基本法。"

2008年，任正非在EMT体系干部大会上这样说道："一定要打倒烦琐的人力资源考核，大家想想每一个基层员工要填多少表格。有些主管因为看不到员工在身边，就让员工填很多表格，比如说市场的工作日志，这是可以理解的。而有些主管管的人不多，还叫这些人每天填工作日志，就有些高成本了。我觉得，如果为了这填表格，就是走形式主义，是浪费人力，我非常同意，而且要把这话传到人力资源部，我们一定要打倒烦琐的考核机制。考核的目的，是为了促进业务成功，为考核而考核不值得。"

采用什么样的绩效考核手段方式，是企业自己的选择。然而，无论什么样的考核，都不是最终目的，而仅仅是手段。过于严格、烦琐的考核必将给员工与客户造成过度的"压迫感"，重压之下，必有勇夫吗？对于少数人是可以的，短时间内是可以的。时间一长，当员工大面积地出现"压迫感"的时候，就说明，这种考核体系的边际效用已经出现负值……员工感觉到身心俱疲——"工作愉快"都成了奢望；想着各种方法弄虚作假；或者采取杀鸡取卵竭泽而渔的短期行为；员工大面积地高频率地出现跳槽与流失……这些症状都足以表明：你的考核体系出问题了！另外一个表现就是你的客户——经销商或终端同样被你的考核指标压得喘不过气来——拼命地向企业要"政策"，为完成任务而不得不囤货、杀价、串货……最终的结果是怨声载道，积极性下降……最终是死猪不怕开水烫！

2007年，任正非在英国代表处这样讲道："我们对一般员工的考核太多、太复杂，有些目的性并不明确。应该是干什么，学什么，考核什么，现在搞得面太广，员工负担较重。我认为对与主业务关系不大的负担要减轻。"

任正非表示："考核频率不能太高，公司不能以考核为中心。不以努力工作为中心，将来会有很多问题的。""考核的维度和要素不能太多，主题要突出。过去一搞三十多项，就成了循规蹈矩的人。我们不是要把员工管成乖孩子，我们是要让员工为公司提供价值贡献。我们主要的考核目标和要素，是从价值贡献上考核，其他的考核干啥呢？"

考核其实就是一个用于管理的行为手段，其目的不应侧重于考虑人的去留而主要是要去激发员工的工作动机，也就是说用各种有效的方法去调动员工的积极性和创造性，使员工努力去完成工作的任务，实现企业的目标。因此，我们又说企业实行绩效考核是正确地诱导员工的工作动机，使他们为实现自身需要的同时不断完成企业的目标。企业从物质和精神上给予既定的奖励，从而使员工的工作积极性和创造性继续保持和发扬下去。另外，我们也要特别注意企业管理者在对员工实施绩效考核时，由于设置的绩效目标和考核方式、标准不当，也会使企业丢失绩效考核的初衷，适得其反。企业员工表面上虽不表露出来，但内心和行为上抵触，长期下去必然对企业的发展带来很大的隐患。

2013 年，任正非在广州代表处谈话时这样说道："考核为什么要这么多指标？绩效考核也不要搭载这么多指标，关键过程行为考核是用来选拔干部的，人家事都做成了，过程为什么要成为评奖金的指标呢？我们不要在一个东西上承载太多内容，让人都变成小人了。我做了大的成绩，还要考我这考我那，扣来扣去都没有了，那我以后也不创造价值了，专注行为。考核指标不要占太多内容，关键绩效指标项不能太多。"

第四节　任职资格与利益挂钩

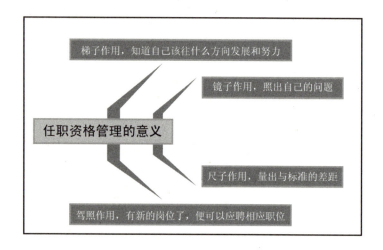

华为任职资格管理体系主要解决职业化进程中的一些重要问题，特别是在工业经济转向知识经济的过程中传统的管理手段不能解决的员工管理问题，即不能由以事为中心转向更为关注人的管理模式，这是不符合知识经济的本质要求的。

华为成功实施了任职资格制度，共有五大族，51 类，几百个子类，基本上所有的岗位都有自己的任职资格标准。任职资格的目的是，引导有水平的人做实，让做实的人提高水平，通过学习、磨练慢慢培养既有水平又能做实的人。标准会告诉你，在这个岗位上，要想做出业绩来，关键的行为是什么、需要的素质是哪些、要掌握的知识技能是哪些。一个人要想在职业上获得更高的提升，必须按照这个标准对照着来做。通常情况下，华为的任职资格一年认证一次，半年复核一次。这其实是华为人的自我管理——你按照你自己的标准去学习、去做，不需要主管或者公司的其他人来督促你，这是自我管理机制里面非常重要的一点。

举例来说，华为的软件工程师可以从 1 级开始做到 9 级，9 级相当于副总裁的级别，享受同一级别待遇。新员工进来之后，如何向更高级别发展，怎么知道差距？华为有明确的制度，比如 1 级标准是写万行代码，做过什么类型的产品等，有量化、明确的要求。员工可以根据这个标准自检。比如：我的 C 语言能力差，便可以通过 E-Learning 平台去学，或在工作中有意识地学习和积累。通过一段时间的实践学习，达到了 1 级的水平。接下来，可以向 2 级的标准进发。这就是任职资格的管理。

而任职资格管理的意义就在于：镜子作用，照出自己的问题；尺子作用，量出与标准的差距；梯子作用，知道自己该往什么方向发展和努力；驾照作用，有新的岗位了，便可以应聘相应职位。这种透明的机制，能不牵引员工主动向上学习吗？

有人可能知道，华为的绩效管理是很残酷的。A 和 B⁺ 中间看起来只差一个档次，但奖金却可能是一辆车的差距。所以，在华为绝对没有"大锅饭"，绩效档次拉得很开。[1]

2012 年 8 月，任正非在 EMT 办公例会上这样讲道："我以前觉得公司很有希望，当年成都工程安装的新员工没有便携机，背着一

1　庄文静.华为：如何让新员工融入"狼群"[J].中外管理，2014

背包的各种工程标准的书到山沟沟里去读，这就是华为的希望。现在什么都不明白，就大规模地外包，什么数据都是工程方做的，根本就没有这个能力，凭什么拿这么多股票和工资，现在重新洗牌，要把南郭先生从这个里面洗出来。我不否定老干部，但洗出来不管职务多高都得回炉，还得学会这些东西，取得任职资格。工程任职资格需要哪几条要定出来，标准开放给大家考试，就像考托福一样，笔试合格了再给口试机会，口试合格能回复各种问题，证明笔试不是抄来的，就过关，给任职资格。要构筑全套的工程交付能力，但人可以不是全面发展，可以有几条职业通道，达到标准可以去做工程经理、工程监理和技术专家，拼起来就是一个工程，要加快接班人继任计划的管理。"

"我们现在很多管理实际上是在发扬 20 世纪 50 年代和 60 年代党的优良作风，那时毛主席提出科技人员要走与工农相结合、与生产实践相结合的道路，如今华为公司的'工人、农民'就是生产线上的博士、硕士。为什么那时的优良作风没有发扬到今天？就是因为没有形成一个正确的价值评价体系。"任正非在文章《全心全意对产品负责，全心全意为客户服务》中这样写道："我们公司现在的任职资格评议系统就是一种价值评价体系。我们推行能力主义是不是有问题？是不是要将责任与服务作为价值评价依据？你有能力，但没有责任心，没有达到服务要求，我们就不能给予你肯定，给予你高待遇。我曾批评中研部，在价值评价上有问题，重技术，轻管理，只在技术上给予肯定，管理上不予肯定，你怎么能够肯定对只更改一个螺丝钉、一根线条的员工就应给予高待遇？如果对有贡献的员工不给予高待遇，而对没有突出贡献的员工，你却给予他高待遇，这种价值评价颠倒就必将导致我们公司成本增加，效益下降。所以我们要通过价值评价体系把优良的作风固化下来，使之像长江之水一样奔流不息，这将使我们走向光明的未来。"

竞争上岗的基本条件是任职资格，这就导致了任何一个岗位都会有 3 ～ 4 个达到任职资格的人等在这个地方，这就是任正非提出的"饿狼逼饱狼"，你在这个岗位上必须好好干，否则马上就有接替者。

民营企业最大的问题就是一个萝卜一个坑，老板总觉得自己没有后续人才，其实是人才储备体系出了问题。又有人提出，说："我业绩不行，那我经常去参加职业培训行不行？"这就是现在很多民营企业做的，这个人很闲就去培训，越忙越抽不出时间培训。华为不然，要想参加任职资格培训，有一个前提条件，绩效考核一共 15 分，必须达到 12 分以上，这就避免有的人一味地参加能力晋升，但是业绩做不出来。华为把绩效、能力、岗位这几条打通了。我们现在很多企业考核任职资格、绩效、培训都各干各的，不配套，华为是责、权、利、能四位一体。

第五节　重视人才的实际能力

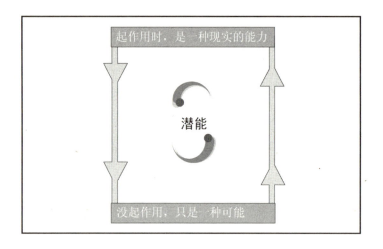

　　1997年之前，华为由于没有人事权，主要是去人才市场招聘员工，每次都要事先在报纸上打广告，然后派人去现场面试。当时，电信人才异常缺乏，社会上的人才市场根本无法满足华为所需要的专业人才，往往是派去了五六个工作人员，面试了上百人，最终只有五六个符合要求。1998年之后，已经取得了人事权的华为公司，每年都要启动大规模人才招聘计划，在北京、上海、西安等地主要媒体做广告，在著名高校召开专场招聘会。1998年，华为一次性从全国招聘了800多名毕业生，这是华为第一次大规模招聘毕业生；1999年，一次性招聘2000名大学毕业生；2000年，总共招聘了4000名毕业生；2001年，华为到全国著名高校招聘最优秀学生，最后实际招聘了 5000 多人。

尽管华为对人才十分渴求，并在招聘的时候主要集中在著名高校，但华为对著名高校的学生还有个特殊要求，那就是"名牌学校前几名学生华为不要"。这个原则似乎伤了国内众多知名高校"尖子生"的自尊心，但任正非有自己的理由。他认为："名牌高校的前几名学生知识储备很好，能力自然也很强，但是，这种学生对自身的期望也很高，甚至有着严重的自恋、自大情结。经常以自我为中心的学生，到华为后很难适应华为的艰苦生活，很难做到以客户为中心，很难按照华为的要求，从基层做起，从小事做起。这个规律在华为多年来的招聘经验中已经有所证实。但是，这并非是绝对的，仅仅是华为招聘应届生的一个参考。"

因此，相比那些有学问的人，任正非更愿意选拔有潜力的人，培养他们成为华为的骨干力量。任正非的做法是明智的，他放弃了有学问的傻瓜，因而才培养出了一大批愿意从基层做起，从小事做起的华为人，他们在华为扮演着"泥瓦匠"的角色。

"我们要以贡献来评价薪酬。如果说这人很有学问，里面装了很多饺子，倒不出来，倒不出来就等于实际上没有饺子，企业不是按一个人拥有多少知识来确定收入，而是以他拥有的知识的贡献度来确定的。"2000 年，任正非就曾这样对员工说过。

任正非认为：潜能只是一种可能性，一个人具有的潜能，如果在一个相当长的时间里持续存在，当它起作用时，它才是一种现实的能力；当它没起作用，或始终没有发挥作用，它只是一种可能，只有将它的潜能充分发挥出来，做出成绩与贡献，它才能转变成实现了的潜能——现实的能力，所以，潜能与现实的能力并不等同。

任正非这样说道："潜能不能拿来当饭吃，只有拿去做出贡献才可能产生价值。认知能力不能作为要素确定员工的命运，就是我们讲的茶壶中的饺子，倒不出来，不产生贡献，就不能承认。要通过奋斗，形成结果，才能作为要素。"

任正非心目中的能力不是潜能，而是一种转化成现实的能力，他心目中的素质也不只是表面上的学历、认知能力等，更强调的是品德与工作能力，贡献和结果。

2005 年，任正非在回应美国《时代》周刊将他评选为"全球最具影响力的 20 位企业家"之事时写道："我大学只读了 3 年，因为发生了'文化大革命'，而结束了学业。到部队只是个团级干部，参加工作后，也仅仅从事一般性的行业，也就是大家下军棋时的工兵。1984 年从军队转业时，仅是普普通通的技术副团职。"他这样做的目的，主要是要澄清美国媒体炒作说他是解放军上将，说华为公司是共产党的公司，有国家、军队支持，要不企业怎么能办得那么好啊？等等。

当时有几位华为高层领导都认为任正非这样说自己太谦虚了，太贬低自己了。任正非并不这么看，他说："我说我大学只读了 3 年，但我没说我没水平，没有意志力，没有品德，没有胸怀，光看那点学历怎么行？"

华为曾有一位博士向任正非提出要在公司内部成立一个博士协会，任正非知道后说，"那是个'反动'（与华为的价值导向反其道而行之，即反动）组织，为什么？博士协会就是排斥其他人，难道

后天进步了的人就不行吗？像邓小平与毛泽东这样的伟人都不是博
士，难道博士协会要将他们都排斥在外吗？"

任正非不同意成立这样的组织。他说，除非成立一个开放的组织，
大家一起来讨论问题，讨论华为价值观等，这样他才同意。

在任正非看来：学历不等于能力，学历也不等于素质，素质是
一种综合能力的反映。

因此，在华为，学历、技能、潜能、工龄、素质等，均不能作
为薪酬的评价依据，薪酬评价的依据，将学历等转化为绩效与贡献，
华为以长期贡献能力与实际贡献定薪酬，以短期贡献定奖励。

华为 2013 年做了改革，把开发和技术分离，除了考核成功率，
还考核失败率，做基础研究，把你失败了多少次作为一个考核目标，
鼓励冒险和尝试，要养一部分人天天在那里"不着边际"地做原创
性创新。这是华为的一个关键转型。

2014 年 8 月，任正非在华为内部讲话中这样说道："我们公司
这几年严格控制考核体制，考核体制已经形成了一种范本。学历是
重要的但不是唯一的，我们在所有干部考核表上唯一没有设的一栏
就是填学历，都是你在公司实践工作的评价。对于那些责任能力高的，
素质还不是很好的，我们要求他多学习，要求提高自身素质，多提
供一些培训机会给责任能力好的人，但是老是不能提高素质的，我
们就要他心态平和地去接受一般性的工作。"

对于有潜在能力的人，任正非主张多给这些人一些做出贡献的
机会，他们只有在新的机会中做出贡献，才考虑晋升或奖励。他有
潜能，而这种潜能还没有转化为现实的话，不能放宽他的薪酬。

第六节　辛苦的无效劳动

华为的一位 IT 项目经理说过这样一段话："当我还没有成为一名主管时，经常加班到深夜，周末也不休息。每天过着'两点一线'的生活，认认真真地工作，这得到了主管的赞许。那时候，我认为'加班＝艰苦奋斗'，等到我升为主管以后，每天向项目组成员强调要加班，这样才能体现出你的价值。但我的上级告诉我，评价一个人工作的成效并不是看他累不累，加不加班，而是看他在工作中交付的结果。"

加班不等于艰苦奋斗，同样，艰苦奋斗也不是加班就能涵盖的。这位华为的主管指出，工作评价要以工作结果为导向，其实就是一切评价要以商业化为导向。

1996 年，任正非这样讲过："很多人汇报工作时，老是说工作很辛苦。我不喜欢有人说自己怎么辛苦。要看你的工作成绩，没有业绩的工作没有意义。工作描述中不要动不动就说工作辛苦之类的东西。关键是业绩，要强调成效。公司要生存、要发展，必须要有业绩。"

华为强调，市场经济肯定以市场为中心，这个目标导向是不能变的。我们以市场为中心，是目标。比如说洗煤炭，你把煤炭洗白了，你确实劳动态度很好，任劳任怨，不怕脏、不怕苦、不怕累，可是洗煤炭不具有任何价值和意义。我们只有明确了目标导向，为市场服务，才算是我们的服务目标明确。

华为有加班的文化，在华为，甚至一度以加班作为真正华为人的体现。2000年，任正非提醒道："大家必须提高管理效率，不要为加班而加班，不要搞形式主义。"

巨人董事长史玉柱曾明确表示其公司要求"只认功劳不认苦劳"，他这样说道："我们企业文化里面第一条就是只认功劳不认苦劳，苦劳在一个企业里是没有任何贡献的，它不会带来任何利润，但是中国的文化传统就经常说，我没有功劳还有苦劳呢。我们企业只认功劳不认苦劳，把这个企业文化灌输下去，大家一旦认可之后，这样企业的效率自然就会高。"

2009，任正非这样讲道："华为公司一定要提高效率，并不是说埋头苦干就行。我们不主张加班加点，不该做的事情坚决不要做，这方面的节约才是最大的节约。算一算研发出来的功能，利用率不到22%，而通信行业电话功能的利用率更是不到千分之一，这个世界用来用去还是摘挂机，但我们公司过去就做不好。研发越高级的技术，大家就越兴奋，越去研究，职务和工资也越来越高，简单的技术反而不愿意去研究。如果我们减少20%的无效工作，那么既节约了成本，也不用加班加点。"

华为的工资分配实行基于能力之上的职能工资制；奖金的分配与部门和个人的绩效改进挂钩；安全退休金等福利的分配，依据工作态度的考评结果；医疗保险按贡献大小，对高级管理和资深专业人员与一般员工实行差别待遇，高级管理和资深专业人员除享受医疗保险外,还享受诸多健康待遇。华为坚决推行在基层执行操作岗位，实行定岗、定员、定责、定酬的以责任与服务作为评价依据的待遇系统，以绩效目标改进作为晋升的依据，而非以苦劳为依据。

任正非：华为的薪酬制度要大改

2014年，任正非在华为人力资源工作汇报会上讲话。

一、关于人力资源战略：坚持聚焦管道的针尖战略，有效增长，和平崛起，成为 ICT（Information 信息、Communication 通信、Technology技术，简称 ICT）领导者。业务与人力资源政策都应支撑这一战略目标的实施。

我有一个想法，针尖战略的发展，其实就是和平崛起。我们逐渐突进无人区，踩不到各方利益集团的脚，就会和平崛起。坚持这个战略不变化，有可能在这个时代行业领先，实际就是超越美国。因此战略目标中，将"超越美国"这句话改为"有效增长，和平崛起，成为 ICT领导者"。将来业务政策、人力资源政策等各种政策都应支撑和平崛起这样一种方式。

二、关于组织：在主航道组织中实现"班长战争"，一线呼唤炮火，机关转变职能；非主航道组织去矩阵化或弱矩阵化管理，简化组织管理。虚拟考核评价战略贡献，抢占战略高地。

1.简化组织管理，让组织更轻、更灵活是我们未来组织改革的奋斗目标。

你们要去研究一下美国军队变革，乔良写的一本书叫《超限战》，军队的作战单位已经开始从"师" 变成"旅"，作战的能力却增强很厉害，而且美国还在变革，未来的方向是，作战单位有可能从"旅"直管"营"，去除"团"一级，还要缩小成"排""班"……班长可能真就是"少将"或"少校"，因为一个班的火力配置很强（巡航导弹、飞机、航母……），就没有必要大部队作战。"班长的战争"这个理念应该这么来看，大规模人员作战很笨重，缩小作战单位，更加灵活，综合作战能力提升了，机关要更综合，决策人不能更多。让组织更轻、更灵活，是适应未来社会发展的，也是我们未来组织改革的奋斗目标。

将来华为的作战方式也应该是综合性的，我们讲"班长的战争"，强调授权以后，精化前方作战组织，缩小后方机构，加强战略机动部队的建设。划小作战单位，不是指分工很细，而是通过配备先进武器和提供重型火力支持，使小团队的作战实力大大增强。当然，授权不是一两天能完成的。目前，管理上的问题没有落地，所以3~5年内把ICT、账实相符、"五个一"作为重点，一定要实现端到端贯通。五年以后，坚定不移地逐步实现让前方来呼唤炮火，多余的机构要关掉，这样机关逐渐不会那么官僚化。

当年我们从小公司走向大公司时，不知道怎么管理，分工过细。现在我们使用的工具先进了，很多流程打通了，功能组织也要综合化，不仅减少层级，也要缩小规模，几个组织合并成一个组织。如商务合同评审的专业组织，应该涵盖运营商BG、企业网BG，没有必要成立两个平台。

矩阵化管理主要用于主航道上的作战队伍，是需要一个大规模的平衡，耗费一点人力资源，称称这个、平衡那个。非主航道就不需要这么复杂的平衡。慧通去矩阵化，第一必须对华为服务，不能到社会上招揽生意，这是对它的制约；第二必须自己养活自己。

内服弱矩阵化，就是流程责任制，只有几个管理的核心干部还是矩阵化的。组织的优化，不要等同时发令上，哪个模块成熟了，就可以先走，若总是追求完美的"齐步走",等候时间就太长了。

我们要有个假设,将来如果我们担负起 700 亿美元销售收入,不意味着华为总人数会产生大幅度增长。我们每年要招聘一些尖子进来,置换不合适的人员,因此总人数增长是有限的,但作战结果会有极大提高。811规划中,不能大幅度增加人力资源编制,不要总向研发与市场倾斜。但是可以增加薪酬包。

2.组织绩效:根据当期产粮多少来确定基本评价(KPI),根据对土壤未来肥沃的改造来确定战略贡献,两者要兼顾,没有当期贡献就没有薪酬包,没有战略贡献就不能提拔。

比如,根据销售收入和优质交付所产生的共同贡献,拿薪酬包;若没有做出战略贡献,不能被提拔。我们现在的 KPI 也包含了很多战略性贡献,战略贡献要搞 KPI,我也同意,但要单列,战略 KPI 和销售收入 KPI不能一致。将来公司所有指标都要关注到抢粮食,关注到战略指标。

我们原来的虚拟考核方法很好,可以继续沿用。举例来说:我们有 68个战略制高地、200多个战略机会点,抢占战略高地要靠能力提升、靠策划、靠方法,不完全靠激励。当然,激励也是应该的。虽然做了战略高地,但若利润是负值,乘以任何系数都没用,因此还是至少要实现薄利,不要简单地说"未来如何赚钱",即使未来赚钱,也是破坏了今天的战略平衡。设定的战略目标,有销售收入浮动的比例。

战略机会点攻进去了,不允许降价作恶性竞争,但是允许多花钱,比如可以派两个少将去。BG重心是销售收入,既想卖东西,又想抢占战略高地,是虚拟考核;区域考核的是盈利和战略,即使薄利,也是盈利。当 BG和区域的诉求完全不一致时,由区域说了算。

三、关于人才：改良金字塔管理，用人才管理奠定胜利的基础。

1.保持金字塔的基本架构，拉开金字塔的顶端，形成蜂窝状，让引领发展的"蜂子"飞进来；异化金字塔的内部结构，业务、技术和管理关键岗位，优秀骨干与一般骨干，可以拉开差距。向外差异化对标，引入、用好更优秀的人才。

决定华为公司成败关键的重要时期，估计就在未来3～5年。在大数据超宽带时代，如果我们能够在制高点抢占到一定份额，其实就奠定了我们的胜利基础。人力资源政策要支持和平崛起，就是改良人才金字塔结构。

第一，拉伸金字塔顶端，形成蜂窝状。需要一群外面的"蜂子"飞进来，就要有蜂子能够飞进来的空间。现在遇到一个问题，世界上有很多优秀人才进不来，不仅是工资问题，还有组织模型问题。科学家进来，因为较少涉及人际关系处理，所以能留下来。但对于新招入的管理者，他领导的千军万马都是上甘岭来的兄弟连，谁服他？所以这批人员先放到重装旅去参加循环打仗，打仗过程中，也会形成"兄弟血缘"关系，再任命时他已经适应华为文化。

第二，金字塔内部结构要异化。我们人力资源有很多模块，以前薪酬待遇都是达标电子工程师，太标准化。现在金字塔架构体系不发生变化，但里面的各个模块要异化，各自去和市场对标。华为机器的核心制造和新产品制造去市场上对标，技师只要做到高质量，可以高工资。制造要尽快开始激活，把全世界最优秀的技师都挖到我们这里来，还做不出全世界最优秀的产品？也欢迎走掉的技师回来共创未来。

2.适应业务与管理变化，针对性地管理各类人才，激活各级队伍。

要将高层干部"洞察客户、洞察市场、洞察技术、洞察国际商业生态环境"的发展要求改为"洞察市场、洞察技术、洞察客户、洞察国际商业生态环境"。

我们要从客户需求导向转变为社会结构导向了，整个行业转变，客户也有可能会落后于我们对社会的认识，要超越客户前进。

将来要限制干部"之"字形成长的范围，不要强调一定要大流动，有些岗位群不需要具有"之"字形成长经验。基层员工还是需要踏踏实实地干一行、爱一行、专一行，贡献多，就多拿钱。这次我在新疆看到，最安心工作的是新疆本地员工，他们在公司工作多年，千方百计从北京、广州调回去。因为家在新疆，家里人知道情况其实没有那么危险，这次我还跟他们去逛街、吃大排档。而外地来的员工感受不一样，虽然在前线的人没有觉得那么可怕，但内地的家里人总是很担心，天天电话施加压力。危险地区可以强调本地化原则，如果实现不了那么多本地化，可以招聘当地的大学毕业生，送到拉丁美洲等地区去培训，然后再返回去。

高级干部被末位淘汰不等于是坏事，可以去重装旅，再重造辉煌。若没有威慑感，大家都会去搞内部平衡。

四、充分利用类似微信的平台，加强技能经验共享，提高作战队伍能力。

我支持公司内部开放，不要怕资料被人偷走，我们的队伍比别人厉害，他搞到一两支枪有什么用？而且即使去保密，也不一定都能防范住，反而导致自己的作战队伍能力不行。可以建立公司内部类似微信的平台，有授权的人员才能使用，不对外开放。如在战略预备队这个圈里，所有内容全开放，大家可以下载资料、交朋友……用户按不同战场分类，通过内部圈联络起来，其实也是一个信息安全圈。他自己建立了一个作战圈，可以横跨拉丁美洲、欧洲……，因为公司下载到的是同一种表格，他不知道如何使用，在朋友圈里发个求助，对他作战能力提升有帮助。

人力资源工作的阶段性汇报和结构性思想，后续可以定期讨论，下次也要把财务叫过来。财务要告诉我们，利润率到底预测准确没有。只有坚持账实相符，只有实事求是反映情况，公司才能制定出正确的应对措施。你们要找出一个方法，把公司的内部变化、社会的变化、前进的变化结合起来，跑到最前面的人，就要给他"二两大烟土"。

2014年 8月 19日

摒弃"年度"绩效考核

管理层则把绩效考核看作是一项强加的负担，让人感觉压力重重，毫无成就感可言。无论被考核的对象是谁，年度考核总是给人带来压力和紧张情绪，让人心生不满。越来越多的企业开始认识到，年度考核往往不能对员工的表现产生积极影响，所以正在尝试新的考核方法。

如果取消一年一度的绩效考核，而把上下级之间的评估和反馈变成连续不断的日常行为，可能会带来更好的效果。

年度绩效考核的目标之一是总结过去一年的表现，激励员工做好来年的工作。不幸的是，一年一度的绩效考核效果往往事与愿违。虽然它的初衷是鼓励团队成员努力做好今后的工作，可是结果往往让员工感觉不被认可、不受重视，甚至灰心丧气。

那么，企业的领导者应该怎么做呢？对于大型企业而言，绩效考核可能是无法避免的。

颠覆传统的绩效考核

许多公司已经摒弃老套的年度考核，转而采取不断进行业绩反馈的形式。

比如澳大利亚软件公司 Atlassian就推出了新的考核方法，在试行的绩效考核方案中，由管理者公布业绩并对结果负起责任。

Atlassian公司取消了年度考核，而是采取不断进行反馈和督导的形式。这种做法的基础是企业与员工彼此融合的信念。管理层在实施的过程中加入了特有的元素，让考核手段能够体现企业的价值观与文化。

虽然 Atlassian公司在实施的过程中也遇到过问题，但是，通过一对一的督导，该公司成功激发了全体员工的工作热情，避免了传统绩效考核打击士气的弊病。

该公司的模式包括两个部分：结构化的反馈流程以及持续的、非正式的及时反馈。Atlassian公司还重新制定了奖金分配制度，提高了工资水平，向公司全体员工发放奖金，而不是针对个人进行奖励。该公司抛弃了将薪资与绩效考核挂钩的做法，而将重点放在根据员工的价值给予应有的薪水。尤其值得一提的是，该公司的管理层杜绝了按分数排名的老套制度，针对具体项目和整体绩效与员工保持沟通。

全面改进评估流程

如果你希望全面改造公司的绩效考核系统，不妨考虑利用以下技巧，可以实现事半功倍的效果：

1. 放弃年度绩效考核的旧方法，在管理层与员工之间定期展开一对一的会谈，共同设定目标并密切监控目标达成的进度。这些会议可以让员工不断调整业绩表现。

2. 彻底抛弃绩效奖金。支付市场上最高的工资，提供组织奖金和股权奖励。不要将报酬与年度绩效考核挂钩。给予员工应有的薪水——不多不少，恰到好处。

例如，如果这是一名客户主管，那么就提供公司觉得客户主管职位应得的薪水。根据行业标准，为每一个岗位的员工支付恰当的薪水。

3. 摒弃传统的评估系统。不要用条条框框来给员工分等级（根据大量的数据评三六九等），而是定期提供诚实的反馈，针对异常和不良表现举出具体事例。请团队成员明辨正误、从每一次的问题中吸取教训。

4. 督导而不是考核。传统的考核让员工感觉自己在被管理者审判。用督导式的方法（鼓励出色的绩效，在团队成员绩效不佳时为其提供支持），能够加深管理层与员工之间的关系，实现更理想的业绩。

不要要求员工进行自我评价，问一些诸如"你这个月偷懒了几次"这样的问题。开放式的问题可以促使人们反省自己的表现。

5. 综合同事的反馈和意见，这些可以成为促进个人发展的有力工具，令员工明白自己的工作如何影响其他人。

在绩效考核方法的问题上，各个机构不能依葫芦画瓢，照搬其他公司的做法。可以学学 Atlassian等公司的经验，但是每个公司的政策必须体现自己独一无二的文化和价值观。

如果你正在寻找员工考评的新方法，不妨从每个月的会议开始，了解每位团队成员。持续的反馈和督导会逐步改善业绩，同时消除令人生畏的年度考核带来的压力。

（本文摘编自《摒弃"年度"绩效考核》，来源：财富中文网，2014.10）

第三章

价值分配体系

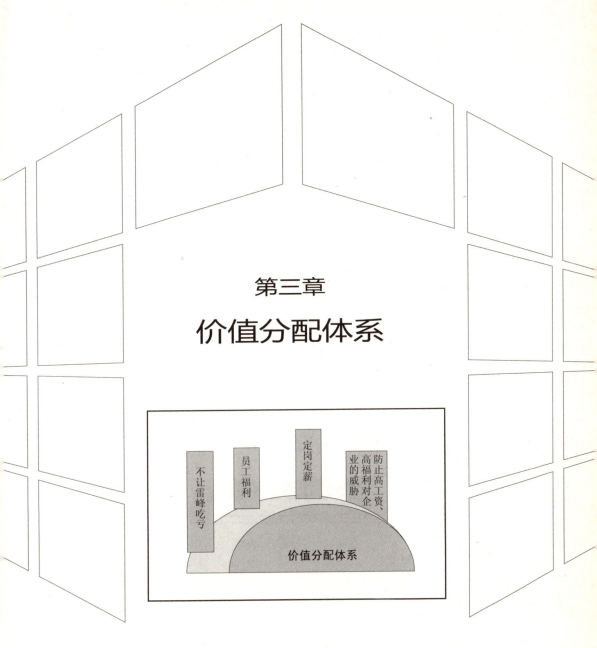

不让雷峰吃亏　员工福利　定岗定薪　防止高工资、高福利对企业的威胁

价值分配体系

HUAWEI

第一节 不让雷锋吃亏

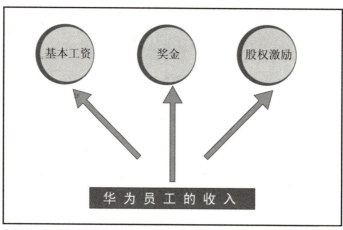

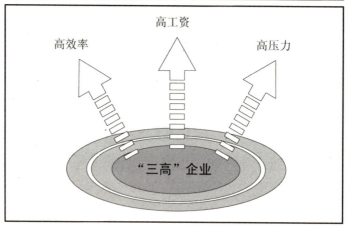

　　"艰难困苦，玉汝于成"的艰苦奋斗哲学是中华民族的千年积淀，以艰苦奋斗为内核的雷锋精神曾经影响了几代人、10亿人。20世纪最后的12年华为员工无不是在这样的文明熏陶下成长起来的。雷锋文化是几代中国人的世俗宗教，也代表着我们民族至高的道德追求，否定雷锋精神就是在当代中国日益稀薄的道德空气中制造更多的文明溃疡。任正非当然是推崇雷锋精神的，主张奉献与牺牲精神的。然而在一个商业组织中，"不能让雷锋吃亏"则是必需的，"义利均衡"是商业的基本法则。所以，华为一方面大肆张扬"艰苦奋斗"的旗帜，一方面大张旗鼓地坚持以奋斗者为本……"不让雷锋穿破袜子"，从而形成了华为文化的核心价值观：既是传统的，又是现代的；既是理想主义的，又是功利主义的。

　　在坂田基地的华为企业展厅前，是一个硕大的电子屏幕，屏幕上滚动播放着一些华为员工的工作镜头。

　　华为员工们遍布世界各地，视频中一个感人画面出现在2012年日本福岛地震期间。彼时，因为核电站发生核泄漏，当地居民已经纷纷离开福岛，而华为在日本的员工却要穿戴防辐射装备，前往福岛整修通信设备。

　　事实上，战争、天灾等悲情时刻，往往是华为人辛苦工作的时刻，因为这个时期各地的通信设备往往需要抢修。作为一家民营企业，华为之所以能够在20多年里超越欧洲百年对手，很大程度是因为其对奋斗者精神的崇尚。

　　当然，付出和回报在这家企业是成正比的。"不让雷锋穿破袜子，不让焦裕禄累出肝病。"在华为的高速运转过程中，一直走"高薪"

路线。按任正非的说法，华为就是"高效率、高工资、高压力"的"三高"企业，"高工资是第一推动力"。

今天，知道"华为"这个名字的人很多，但细问起来，相信电信产业之外的人，九成以上完全不清楚这家高科技企业的具体经营项目，华为被许许多多不了解它的人记住并传播的原因很简单，是"一家高薪企业"。

其实华为一开始就在实行全员高薪制度，只是现在华为更敢于这样做。1993年初，作为软件工程师进入华为的刘平之前在上海交大当老师，在学校的工资400多元一个月，这还是工作8年的硕士研究生的待遇。来到华为后，当年2月份他的工资是1500元，比当时上海交大的校长工资还高，而且他2月份只上了一天班，结果拿到了半个月的工资！这让刘平大感意外，深受感动。第二个月涨至2600元，之后，令刘平激动的是，每个月工资都会上涨，1993年底他的工资已涨到6000元。这一年他的年薪为4.8万元（折合成2009年的购买力大致等于48万元的年薪）。华为之所以这样做，是因为任正非相信，企业可以高价买元器件，高价买机器，也可以高薪买人才。

后来《华为公司基本法》中有了这样一句话："华为公司保证在经济景气时期和事业发展良好的阶段，员工的人均收入高于区域行业相应的最高水平。"

一则流传较广的故事说，在华为的员工大会上，任正非提问："2000年后华为最大的问题是什么？"大家回答："不知道。"任正非幽默地告诉大家："是钱多得不知道如何花，你们家买房子的时候，客厅可以小一点、卧室可以小一点，但是阳台一定要大一点，还要买一把大耙子，天气好的时候，别忘了经常在阳台上晒钱，否则你的钱就全发霉了。"虽然带有明显的鼓动意味，但不可否认的是，华为员工普遍满意自己的薪水。

华为人力资源部门定期向专业咨询公司购买外部薪酬市场数据，以此随时分析和审视华为薪酬标准的外部竞争力。其针对海外员工薪酬体系的制定，首先是尊重当地法律以及风俗习惯；其次便是必须结合华为本身的支付能力，以及"对内对外的公平性"。与当地主要同行企业比，华为的薪酬水平具有较高的吸引力。

华为员工的收入分为基本工资、奖金和股权激励三部分，其中基本工资是按 12 个月每月进行发放。员工奖金支付根据员工个人所负的工作责任、工作绩效及主要完成项目的情况而定，同时也会考虑总薪酬包的情况。华为人力资源部会定期对工资数据进行回顾，并根据回顾结果和公司业绩对员工薪酬进行相应调整，以保证该项计划能在市场竞争和成本方面保持平衡。

2011 年在宏观经济情况并不十分乐观的情况下，考虑到物价上涨等多重因素，华为仍实行了涨薪。2011 年上半年结合员工的绩效情况，华为对中基层员工的工资进行了调整，平均涨幅 11.4%，覆盖 4 万多名员工。华为此前也多次为员工涨薪，涨幅每年不同，但在 2002 年 IT 泡沫，企业倒闭潮期间例外。当年华为基层员工工资水平没有调整，而高层自愿申请降薪 10%。华为员工的总体收入在行业内是很有竞争力的。也由于这个原因，华为员工的流动率并不高，一直保持在 6% ～ 8%。

在华为看来，13 级 ~ 14 级的基层员工群体是公司各项业务的主要具体操作执行者，他们思想新，冲劲足，富有活力和热情，是公司未来的管理者和专家之源。应届生刚进华为的薪酬级别均为 13 级，此次加薪是为进一步吸引和保留优秀人才，特别是中基层人才，增加刚性即确定性的工资收入。[1]

华为每年都会根据公司业绩普调员工薪水，调整幅度一般在 10%。

实际上，华为高层已认识到虚拟股对基层员工吸引力逐年下降的情况。这也是 2013 年 1 月，华为 CFO 孟晚舟宣布给员工奖金和分红达 125 亿元背后的原因。

除此之外，华为从 2013 年三季度开始将基层员工起薪上调 40% ~ 50%，研究生起薪从 7000 ~ 8000 元人民币上调至 10000 元，本科生起薪从 6000 元上调至 9000 元。同时中层员工每年末位淘汰 5%，基层员工末位淘汰 10%，开始实施新的"胡萝卜加大棒"策略。

任正非说："我不眼红年轻人拿高工资，贡献很大才能拿到这么高的工资，我们还要进一步推行这种新的薪酬改革。前二十几年我们已经熬过了不平坦的道路，走上新道路时，就要新条件。3 个人拿 4 个人的钱，干 6 个人的活，就是我们未来的期望。这样改变以后，华为将一枝独秀。"

说白了，就是给能干活的人多一些钱，激励他们干更多的活。华为也不宣传让大家都去做雷锋、焦裕禄，但对奉献者公司一定给予合理回报，这样才会有更多的人为公司做出奉献。这既是核心价

1　华为中兴高薪抢人：华为本科生起薪 9000 元 [N]. 新快报，2013

值观，也是华为的基本价值分配政策。

1996 年，在华为内部文章《华为发展的几个特点》中有着这样一段表述："公司奉行决不让雷锋吃亏的源远流长的政策，坚持以物质文明巩固精神文明，促进千百个雷锋不断成长，使爱祖国、爱人民、爱公司、爱自己的亲人与朋友的一代新风在华为蔚然成风。"

同时任正非也在其文章《华为的红旗到底能打多久》中补充道："公司努力探索企业按生产要素分配的内部动力机制，使创造财富与分配财富合理化，以产生共同的更大的动力。我们决不让雷锋吃亏，奉献者定当得到合理的回报。这种矛盾是对立的，我们不能把矛盾的对立绝对化。我们是把矛盾的对立转化为合作协调，变矛盾为动力。"

2005 年，华为内部文件《关于人力资源管理变革的指导意见》中明确指出："我们已明确员工在公司改变命运的途径有两个：一是奋斗，二是贡献。员工个人可以奋斗是无私的，而企业不应让雷锋吃亏。"

如何分辨你是老板级的员工还是打工仔级的员工？在华为，从你的薪资账户看就很清楚。

"我们不像一般领薪水的打工仔，公司营运好不好，到了年底会非常感同身受。"2002 年从日本最大电信商 NTT DoCoMo 跳槽加入华为 LTE TDD 产品线的副总裁邱恒说："你拼命的程度，直接反映在薪资收入上。"

以他自己为例，2009 年因为遭遇金融海啸，整体环境不佳，公司成长幅度不如以往，他的底薪不变，但分红跟着缩水。隔年，华为的净利创下历史新高，他的分红就超过前一年的 1 倍。

这等于是把公司的利益与员工的个人利益紧紧绑在一起。在华为，一个外派非洲的基础工程师如果能帮公司服务好客户，争取到一张订单，年终获得的配股额度、股利以及年终奖金总额，会比一个坐在办公室，但绩效未达标的高级主管还要高。[1]

第二节　员工福利

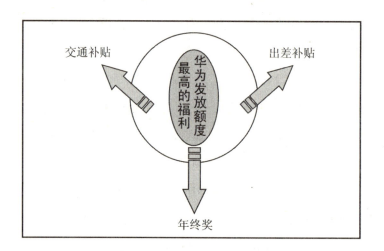

"社会保障机制是基础，上面的'获取分享制'是一个个的发动机，合理规划劳动所得和资本所得，导向冲锋，公司就一定会持续发展；我提出四个假设，你们来看是否正确。第一个假设：流程组织优化，在 5 年内是否会逐渐有进步？进步的标志就是人员减少，

1　为啥全世界都怕华为？为培养团队肯给员工百万股利 [OL]. 搜狐，2014

工作效率提高，利润增加。第二个假设：针尖战略是否将增加我们定价和议价的能力？第三个假设：3~5 年内，有的竞争对手在衰退，我们的商业生态环境是否在改变？第四个假设：现在人力资源改革产生的动力，特别是分享机制形成以后，会不会提高生产力？如果这四个假设成立，意味着利润会增加，我们的可分配薪酬包也就增加了。股东、劳动者收益分配要有合理比例。未来为华为创造价值，要承认资本的力量，但更主要是靠劳动者的力量，特别在互联网时代，年轻人的作战能力提升很迅速。有了合理的资本 / 劳动分配比例、劳动者创造新价值这几点，那么分钱的方法就出来了，敢于涨工资。这样人力资源改革的胆子就大一些，底气就足一些。"

"所有细胞都被激活，这个人就不会衰落。拿什么激活？血液就是薪酬制度。社会保障机制是基础，上面的获取分享制是一个个的发动机，两者确保以后，公司一定会持续发展。'先有鸡，才有蛋'这就是我们的假设。因为我们对未来有信心，所以我们敢于先给予，再让他去创造价值。只要我们的激励是导向冲锋，将来一定会越来越厉害。"任正非在内部讲话中这样说道。

光基本工资就高出别的企业好几成的华为自然不会在福利待遇等方面输于别人。

华为在创建初期，经济条件比较困难，当时对因工死亡或伤残员工的额外补偿比较低，现在经济效益好了，华为没有忘记这些员工为公司做出的贡献！

华为从 1996 年就开始发相当于工资 15% 的"补充"保险（华为称为安全退休金），并且每隔两年便直接打到员工的银行账户上去。

所谓的"补充"保险，就是在员工工作的时候就把员工养老的钱给发了。

为保障员工在全球工作和生活无后顾之忧，华为自2005年起推行了员工保险保障和福利制度变革，发布了员工保障、医疗保障、医疗救助保障、人身保障等系列文件。目前已建立了强制性社会保险、医疗保险，以及商业保险的双重保障机制。依据此制度，员工除依法享受国家和地方的强制性社会保险保障外，还享受华为提供的商业保险保障。商业保险包括商业人身意外伤害险、商业寿险、商业重大疾病险、商业旅行险。若不幸因工意外伤害导致罹难的，任何员工除可以依法获得社会保险的相关待遇外，还可额外获得100万元左右人民币的商业保险补偿。对于罹患重大疾病的员工，可额外获得商业保险20万元人民币的重大疾病补偿；若因病去世，可额外获得30万元人民币的商业寿险补偿。

华为在多个方面对员工保障体系进行持续优化，包括全面开展海外员工保障管理优化项目，制定属地化的保障政策，进一步完善公司的全球员工保障体系；提高商业寿险保障标准；与保险供应商合作建立全球员工保障管理与运作IT平台；进一步推广及完善员工家属保险认购计划，为增强员工家属保障搭建平台等。在突发事件处理方面，华为对员工工伤事故的发生实施对一级部门主管的问责制，并成立员工保障管理领导小组对员工人身突发事件处理方案进行审议和决策。

华为发布2010企业社会责任报告，报告显示提升员工福利保障2009年共投入19.7亿元。华为2010年销售收入1852亿元，同比增长 24%，而在雇员费用这块的支出是 306 亿元，同比增长 23%。以华为 11 万员工计算，其员工平均年薪近 28 万元。华为 2010 年为员工提供的包括保险、医疗等在内的保障性支出达 19.7 亿元。

华为福利一个最直观的体现就是将其货币化，打到员工的工卡里。

对于那些已经和华为签订就业协议的毕业生，来公司报到时的路费和行李托运费等可以享受实报实销，包括：从学校所在地到深圳的单程火车硬卧车票、市内交通费（不超过 100 元）、行李托运费（不超过 200 元）、体检费（不超过 150 元）。上述费用所有票据在报到后的新员工培训期间统一收取、报销，并在报到的当月随工资发放。虽然仅仅是报销报到费用，每个人只有几百块钱，但一次性招聘数千人，也是一笔不小的开支，国内绝大部分公司都很难做到。

此外，华为新员工在正式上岗前的为期几个月的内部培训期间，工资、福利照发不误。

在华为，发放额度最高的福利分别是交通补贴、出差补贴和年终奖。

1. 交通补贴。这种补贴只有深圳总部员工享有，国内其他分支机构没有这笔补贴。由于深圳总部的园区离深圳市区很远，许多家住市里的员工上班都要花不少的交通费用。因此华为给员工们每月支付 800 ～ 1000 元的交通费用。交通补贴每月都直接发到员工的工卡里，不得取现。在每年年底高于一定数额或离职时可以一次取现，扣 20% 的个人所得税。

2. 出差补贴。这种补贴分国内出差补贴和海外出差补贴，根据职位、出差地的艰苦程度、危险性等标准计算，标准乘以实际出差的天数，就是可以拿到的补贴。一般在出差回来后报销时领取。

具体来说，华为员工国内短期出差补助标准为 100～200 元／天，交通费、住宿费、通信费实报实销。技术支援或市场部人员在国内常驻外地，补助标准按地区艰苦程度分为几档，一般 50～100 元／天，住宿费用另外计算，如果住宿在当地的办事处则没有住宿费用。研发人员如常驻外地研究所不享有该项补助。

员工在海外连续工作 3 个月的可以享受海外出差补助，标准为 50～70 美元／天，香港为 300 港元／天。常驻海外的员工，根据当地情况，补助标准分为几档，一般 50～85 美元／天，当地越艰苦、越危险，补助越高。2004 年，华为的海外补贴降低了标准，一般国家降到税后 30 美元／天。公司还会替员工交纳社会保险基金，按照每月基本工资 15% 的比例划拨，员工离职时可一次性提取，扣 20% 个人所得税。

3. 年终奖。在华为的薪酬体系里，奖金的数量占到了所有报酬的近 1/4，华为公司每年 7、8 月份都会有一个规模非常宏大的"发红包"活动。那时公司的高层几乎全部出动，根据员工的贡献、表现、职务等分股票发奖金，一般员工在 1 万～3 万元左右。一般来说，市场系统、研发系统的骨干最高，秘书、生产线上的工人等做重复性工作的员工最少。

华为还发布了《员工保障管理规定》《员工医疗保障管理规定》等系列文件，并建立了员工健康与安全的预防体系，包括年度体检以及 24 小时的心理医生指导等。2008 年，华为设立了首席员工健康与安全官，统一领导员工健康与保障工作。

华为为什么要设立首席健康和安全官？这或许可以从任正非语录中找到答案："员工不能成为守财奴，丰厚的薪酬是为了过高雅的生活，而不是精神自闭、自锁。"

第三节　定岗定薪

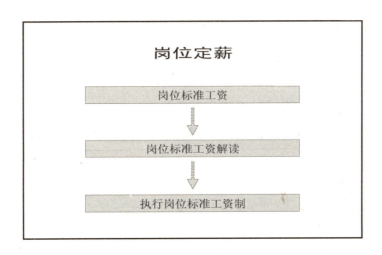

2012 年，任正非在基层作业员工绝对考核试点汇报会上这样说道："基层员工加工资，主要看价值贡献，不要把等级过于绝对化。基于价值贡献，小步快跑，多劳多得。我们以绝对考核为基础来调整工资。这样就使得这个评级简单化了，而且量化、公开化，基层员工就看到了希望。"

2009 年，任正非在文章《人力资源体系要导向冲锋，不能教条和僵化》中这样写道："我们首先要把岗位搞清楚，把岗位的重量搞清楚，让每个岗位在公司都应该有增值。岗位的重量是不断变化的，不是永恒不变的。当岗位不规范的时候，可能要求的干部级别职级高；当岗位规范后，'扳道岔'就不需要'钦差大臣'了。所以岗位是循环变动的，人力资源部可以建立一个规则部门，规则部门就循环认证目前岗位的重量。岗位重量确定后，各种级别配多少人就清晰了。"

定岗定薪是指同贡献，同报酬，它是华为与奋斗者分享的理念之一。任正非在《华为的红旗到底能打多久》一文中指出："各尽所能，按劳分配。怎么使员工各尽所能呢？关键是要建立公平的价值评价和价值分配制度，使员工形成合理的预期，使其相信各尽所能后你会给其合理的回报。而怎么使价值评价做到公平呢？就是要实行同等贡献，同等报酬原则。不管你是博士也好，硕士也好，学士也好，只要做出了同样的贡献，公司就给你同等的报酬，这样就把大家的积极性都调动起来了。"

任正非认为"英雄不问出身"，只要做出了同样的贡献，公司就给予同等的报酬，这种激励能够最大限度地激发员工的工作潜能。后来，华为建立了一套体现定岗定薪的分配体系——岗位标准工资。

岗位标准工资

2009 年，任正非在其文章《人力资源体系要导向冲锋，不能教条和僵化》中这样写道："我们明确，由人力资源委员会的编制委员会来确定我们应该有多少岗位，以及这个岗位是什么重量。你们干部和管理部门要如何去称岗位重量，去看这个人是不是适合这个岗位。这两个职类岗位，反正我们只能用一个，多了一个怎么办？要么你就把多的这个干部挤下去，要么你就把这个干部调给别人。你们原来是针对人来称重量，而不是针对岗位的需要来称，现在我们要强调针对岗位的需求来称。"

为了合理反映员工的贡献与报酬之间的关系，华为人力资源部制定了岗位标准工资。将员工职位分为 22 个等级，每个等级又按照胜任能力分为 ABC 三个层次。13 级以下基本上都是普通员工，这里不具体描述，我们重点来看 13 级及以上的。华为员工标准岗位工资明细及分析如下表所示。

华为员工标准岗位工资明细及分析表

单位：元

胜任等级 岗位等级	C	B	A
13	5500	6500	7500
14	7500	9000	10500
15	10500	12500	14500
16	14500	17000	19500
17	19500	22500	25500
18	25500	29000	32500
19	32500	36500	40500
20	40500	44500	49500
21	49500	54500	59500
22	59500		

华为将每个等级与员工绩效考核成绩相对。如果员工考核（对员工贡献的评价结果）获得 15C，那么它的工资就是 10500 元，奖金、期权另算，但也要通过绩效考核来衡量贡献，通常 15 级将获得 3 万～4 万元期权。

岗位标准工资中还设定了胜任系数，以奖勤罚懒。完全胜任的系数是 1，基本胜任的系数是 0.9，暂不胜任的系数是 0.8。

　　此外，为了让华为人继承华为的企业文化，公司还设定了地区差异系数，一级城市 1，二级城市 0.9，三级城市 0.8，其他城市 0.7。

　　任正非表示："逐步实施岗位职级循环晋升，激发各单位争当先进。第一，我们实际已有的薪酬标准就不要改变了，动的是个人职级。第二，以岗定级不能僵化。以后有少部分优秀人员，没岗位但允许有个人职级，要看重这些人有使命感、创造力。如果脱岗定级的问题现在找不到合适方法来操作，就把优秀人员的岗位职级先调整了，然后他自己再去人岗匹配，程序还是不变，这个机制可以叫作'岗位职级循环晋升'。如原来 20 级的组织，其中做得优秀的那 30% 可以转到 21 级，每三年转一圈，做得好的才动。每年拿 30% 优秀部门来评价，如果明年这个岗位还在先进名单里，就更先进了，还要涨。落后的没涨，就会去争先进，争先进的最后结果，我们把钞票发出去了，而且主要发给优秀单位。实行全球 P50 标准工资的人员范围应该还要向下覆盖。若当公司出现危机时，不是一两百人就能够救公司的。具体如何操作法，扩大到多大规模，我不知道。"

岗位标准工资解读

　　岗位标准工资的等级确定，一是依据面试、试用情况；二是依据日常工作、项目执行的评价，总之做出的贡献越多，得到更高等级岗位工资的可能性越大。华为人员所在等级说明：

　　①助理工程师的技术等级为 13C ～ 15B；

②普通工程师 B 的等级为 15A ～ 16A ；

③普通工程师 A 的等级为 17C ～ 17A ；

④高级工程师 B 的等级为 18B ～ 19B ；

⑤高级工程师 A 或技术专家为 19B ～ 20A ；

⑥三级部门主管为 19B ～ 19A ；

⑦二级部门主管为 20A ；

⑧一级部门主管为 21B ～ 22B ；

⑨最高等级为 22A。

其中，华为技术专家的等级等同于三级部门主管，高级专家最高可达到一级部门正职的技术等级 21A ～ 22B，这也体现了同贡献、同报酬的分配原则。

执行岗位标准工资制

华为实行岗位标准工资制后，不再或很少由上级任命、定级，完全由员工按照相关规定自行应聘相关职级，如工作 8 年以上的可以去应聘 16A，工作 6 年的可以去应聘 15B、15A，上级只是负责考核。这杜绝了各种不公平的现象发生。

①能力突出、项目经验丰富、有经理级职务或技术专家，可应聘 18 级。

②工作 10 年或以前担任过部门经理的社招员工（社会招聘人员），17A 以上，并派往海外。

③工作 6 年，能力和技术水平一般，但基本能胜任工作的普通社招员工，给予 15B、15A ；如果在原公司是骨干给予 16B、16A。

④社招工作 8 年的普通员工，一般给予 16A 或 17B。

⑤特招进入华为，一般给予 17A ～ 18A，并给予签字费、股票。

⑥原公司若是思科、爱立信、阿朗、诺西等公司正式任命的部门经理（部门主管）则给予等同于华为三级部门主管的级别 19B 或 19A。

⑦应届本科生最低级别 13C。

⑧生产线上的操作工 13C 以下。

需要说明一点，签字费就是给跳槽至华为的员工的补偿金，以及奋斗者协议奖金，一般为 3 万 ～ 5 万元。

此外，华为的待遇还体现在技术等级与任职资格挂钩上，也就是说技术等级是职称，职称是享受待遇等级的。华为规定技术等级加上任职资格为员工的薪酬待遇，如技术等级 3A，任职资格为 13，则薪酬待遇是 3A+13=16A。这为许多走技术路线的员工提供了同等的待遇。

定岗定薪分配体系建立后，极大地提高了华为人工作的动力，为华为带来了前所未有的繁荣。[1]

1　孙科柳 . 华为绩效管理法 [M]. 北京：电子工业出版社，2014

第四节　防止高工资、高福利对企业的威胁

70 多条班车线路，按摩师、心理咨询师一应俱全，上班晚来早走，甚至可以悠闲地开网店，这是曾经辉煌无比的诺基亚中国公司的真实写照。令人颇为惊讶的是，无论在巅峰时期还是没落之后，诺基亚的员工福利和工作氛围基本没有太大变化。是这种高福利、以人为本的企业文化害了诺基亚？一名小米公司员工发布微博称："好几个诺基亚的朋友想来小米求职，我问他们，诺基亚走下坡路不是一天两天了，为什么拖到被裁了才想起来找新工作？他们的答案基本一样：'诺基亚好啊！外企待遇，薪水高、假期多、工作少，基本不用干活儿，所以之前舍不得走。'"无度的低福利和泛滥的高福利一样对组织有毒性。

任正非在其 2000 年文章《活下去，是企业的硬道理》中明确表示："我们公司的薪酬制度不能导向福利制度。"同年，任正非在其文章中再次强调："在发展中要注意一旦富裕起来后，可能产生的福利社会的动力不足问题，提早预防，就不会出现日本出现的问题。目前，加拿大、北欧这些福利国家都遇到税收过高、福利过好、优秀人才大量流失的困境。我们认真研究吸取经验教训，就会持续有效地发展。"

2005 年，在华为的内部文章《关于人力资源管理变革的指导意见》中同样表明，要控制总体薪酬水平，防止高工资、高福利对企

业将来的威胁。"要研究历代封建王朝怎么覆灭的，当新一代皇帝取代旧主时，他成本是比较低的，因为前朝的皇子、皇孙形成的庞大的食利家族，已把国家拖得民不聊生。但新的皇帝又生了几十个儿子、女儿，每个子女都有一个王府，以及对王府的供养。他们的子女又在继续繁衍，经过几十代以后，这个庞大的食利家族大到一个国家都不能承受。人民不甘忍受，就又推翻了它，它又重复了前朝的命运。华为如果积累了这种病，不要几年就会破产。"

防止高工资、高福利对企业的威胁是华为的一贯要求。2009 年，任正非在文章《深淘滩，低作堰》中继续强调："客户是绝不肯为你的光鲜以及高额的福利，多付出一分钱的。我们的任何渴望，除了用努力工作获得外，别指望天上掉馅饼。公司短期的不理智的福利政策，就是饮鸩止渴。"

"华为走到今天，靠的是这种奋斗精神和内部的一种永远处于激活状态的机制。"华为声明中表示，正是由于这些员工中绝大多数是华为持股员工，因此都支持企业保持持续的创造力和活力。

"高层要有使命感，中层要有危机感，基层要有饥饿感。"现在，任正非对于华为不上市有了新解释，他说："猪养得太肥了，连哼哼声都没了。科技企业是靠人才推动的，公司过早上市，就会有一批人变成百万富翁、千万富翁，他们的工作激情就会衰退，这对华为不是好事……"

樱桃好吃树难栽，大旱来了怎么办

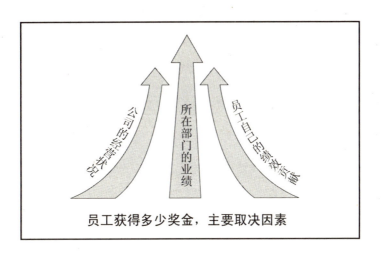

员工获得多少奖金，主要取决因素

2009年的奖金沟通开始了。由于公司 2009年整体效益较好，而且强调奖金向绩优团队和绩优个人倾斜，绩优员工的总体奖金水平比去年有明显增长。但是，也有些部门、员工的绩效与 2008年相比，贡献产出不明显，甚至有 5%左右绩效后进的员工奖金为零。

奖金增长的员工，主管和员工沟通起来很愉快，员工也信心满满，自然而然憧憬和期望着明年奖金应该比今年更多。奖金没有什么增幅，或者下降的员工，可能就有些抱怨，这种情绪也影响到一些基层主管，不敢去面对员工的心态，根本的原因还是我们的这些基层主管没有引导员工对奖金建立正确的认识。公司是不可能保证每人的收入是逐年增长的，因为没有人保证公司会常胜。

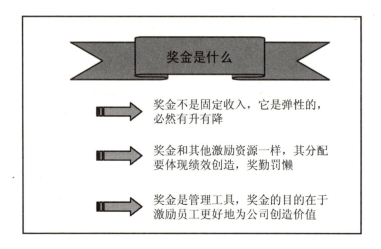

奖金是什么，我们应该以什么样的心态正确对待收入和奖金的波动，应该作为一个严肃的话题认真对待。

首先，奖金是什么？奖金不是固定收入，它是弹性的，必然有升有降。一个员工获得多少奖金，主要取决因素有三：一是公司的经营状况；二是所在部门的业绩；三是员工自己的绩效贡献。一句话，奖金的多少，取决于公司对客户价值的创造、部门对公司的价值创造、个人对部门的价值创造。奖金不是等着公司发的，或者是争来的，而是需要努力工作挣出来的。而且，固定收入也不是一成不变的，也是易岗易薪的。

我们必须清醒知道，在全球经济动荡的 2009年，公司为什么能够取得好效益？除了全体员工长期共同奋斗的主观因素，也有一些其他的重要内外客观因素。如，2009年公司更聚焦于客户，及时、准确、优质、低成本满足了客户的需求；深入进行内部流程精简，也精简了组织结构与人员编制，进一步加强了内部成本管理，严格控制了招聘质量，强调人均效益的提升，等等。在外部，我们碰到一些机遇，国内 3G牌照突然发放，包括贷款利率下调导致财务费用降低、汇率波动控制平稳导致汇兑收益等，一些友商忙于自身调整分散了精力等等。这些内外部的因素综合起来，带给公司与年初预计相差较大的"偶然"。虽然有我们数十年努力的必然，但我们不能不意识到"天无三日晴"的贵州，也经历如此大旱。设想一下，如果上述这些利好因素有一些没有发生，2009年就不会有这么好的收成。

老员工应该还记得，在2002年前后，由于IT泡沫的破灭，虽然公司全体员工都很努力，但客户的需求在萎缩，公司的经营业绩仍遭遇了相当的困难，大多数员工的奖金都比往年出现下降，而管理者甚至采用自愿降薪的方式，来表明与公司共渡难关的决心。因此，在欢天喜地分奖金的时候，要仔细想一下丰收背后的原因，一定要充分认识到，奖金和工资一样，都是要靠打拼努力，一点点从激烈的市场竞争中挣来，要更清醒地认识到未来如何继续努力奋斗。

其次，应以怎样的心态看待奖金的涨与降？奖金和其他激励资源一样，其分配要体现绩效创造，奖勤罚懒，谁的贡献大，哪个组织的贡献大，奖金分配就应该多，奖金分配要拉开差距，这正是坚持我们以奋斗者为本、鼓励冲锋的人力资源政策的具体体现。即使近年公司总体经营状况较好，如果某些部门或团队的业绩出现下滑，这些部门或团队的奖金包也理所当然要下降。员工个人绩效由好变差，其本人所获得的奖金也当然要减少。干好干坏一个样，会破坏了我们按责任和贡献付酬的基本原则，会把组织拖向"福利社会""养老院"的深渊，高福利就是高成本，我们离死亡就不远了。

只有每个员工的贡献大于成本，企业才有发展的基础。市场风云变幻莫测，并没有任何人能够保证华为能永远活下去，只有我们自己努力奋斗，这是市场竞争的基本规律。期望收入永远上涨，就像期望人生永远一帆风顺，是会摔跟头的。如果你的奖金比上一年少了，你会以什么样的心态去面对？会不会发牢骚、抱怨，甚至不再聚焦工作了？需要每个组织、每个员工问问自己这个问题。要想有蛋糕分，唯有去奋斗创造出蛋糕，只抱怨不行动最终饿死人。我们要相信，华为有一天也会效率不高的，任总说过，"十年来我天天思考的都是失败，对成功视而不见，也没有什么荣誉感、自豪感，只有危机感。也许是这样才存活了十年。"华为总有一天也会死亡的，失败这一天是一定会到来，这是历史规律，那时能够挽救这个公司的只有你。若你那时对奖金下滑不满意，一肚子都是气，你如何把我们这个航船拖离冰山。我们说的这一肚子气的人，更多是今年拿得多，明年拿得少的人，而且也许是全部人在效益不好时，都降低了收入。

再次，对于管理者来说，奖金是管理工具，奖金的目的在于激励员工更好为公司创造价值。在给员工发奖金的时候、皆大欢喜的时候，也不要忘记自己作为一名管理者的责任。一名合格的管理者，绝不是"好好先生"，你好我好大家好，"好好先生"是对先进员工的打击。而是不仅要让员工看到希望，也要合理引导和管理员工的期望，不仅要告诉员工前面的无限风光，也要告诉员工可能碰到的困难和险阻。奖金是公司与奋斗者一起分享公司的经营成果，是对贡献者的回报，也不要忘记对员工期望值进行合理引导和管理。奖金不是给管理者用来当"老好人"用的，它和其他管理手段一样，都是为了加强团队战斗力，激发团队的持续奋斗的动力，最终创造高绩效。

当然，"分蛋糕"的事没那么容易做。员工奖金少了，主管不敢跟员工沟通；员工奖金高了，主管会担心万一明年少了，又怎么沟通。作为一名管理者，一定要敢于管理，也要善于管理。不能管理的人，要逐步从干部队伍中淘汰出去。敢于管理是要明确绩效目标和要求，严格要求，带领团队创造价值贡献；善于管理，是要及时发现员工思想困惑，因势利导，综合物质和非物质的激励资源，引导和激发团队以正确的心态来看待收入的波动，把注意力聚焦到如何创造绩效上。管理者要能有效地管理团队，准确地将公司提供的激励措施在正确的时间、正确的场合用在正确的对象身上，才能产生最大的战斗力。不能合理地管理好团队的期望值，不能在团队中树立正确的回报观，就是把矛盾随意推给公司，这是没有管理能力，也是对公司和员工极不负责任的表现，这样的干部应该辞去行政管理职务。

当然，我们现在的奖金模式，当期效益权重还太重，战略成绩的评估还不尽科学，有可能导致目光短视，我们要在今明两年的制度中改进。要理解我们今年的改革是要打破平均主义，在有些方面着力还不够，欢迎大家提出善意的方案。

由俭入奢易，由奢入俭难。我们不可能永远是丰年，也可能遭遇干旱无雨的季节。大家要保持良好的心态，继续长期坚持艰苦奋斗，通过奋斗创造客户价值，帮助公司持续取得经营成功，进而获得个人好的收入回报。职业化可以提高效率，但不等于职业化以后，就不需要艰苦奋斗。西方公司的纷纷死亡，说明这个道理。他们百年的努力形成了良好的职业化，我们的职业化就是从他们那儿学来的，职业化的名词都是他们发明的。问题是他们成功以后太舒服了，让我们省掉了喝咖啡的时间追了上来，难道以后的小公司也会喝咖啡吗？如果他们也不喝呢？市场经济逼得法人是不敢停止前行的，自然人只能以退休来暂停奋斗。法人是一天也不能惰怠的，惰怠就是死亡，你也将一无所有。

（本文摘编自《樱桃好吃树难栽，大旱来了怎么办》，作者：华为人力资源部，来源：《华为人》，2010.4）

任正非：关于激励

关于激励："获取分享制"应成为公司价值分配的基本理念，敢于开展非物质表彰，导向冲锋，激发员工活力，公司就一定会持续发展。

1.社会保障机制是基础，上面的"获取分享制"是一个个的发动机，合理规划劳动所得和资本所得，导向冲锋，公司就一定会持续发展。

我提出四个假设，你们来看是否正确。第一个假设：流程组织优化，在5年内是否会逐渐有进步？进步的标志就是人员减少，工作效率提高,利润增加。第二个假设：针尖战略是否将增加我们定价和议价的能力？第三个假设：3~5年内，有的竞争对手在衰退，我们的商业生态环境是否在改变？第四个假设：现在人力资源改革产生的动力，特别是分享机制形成以后，会不会提高生产力？如果这四个假设成立，意味着利润会增加，我们的可分配薪酬包也就增加了。股东、劳动者收益分配要有合理比例。未来为华为创造价值，要承认资本的力量，但更主要是靠劳动者的力量，特别在互联网时代，年轻人的作战能力提升很迅速。有了合理的资本／劳动分配比例、劳动者创造新价值这几点，那么分钱的方法就出来了，敢于涨工资。这样人力资源改革的胆子就大一些，底气就足一些。

所有细胞都被激活，这个人就不会衰落。拿什么激活？血液就是薪酬制度。

社会保障机制是基础，上面的"获取分享制"是一个个的发动机，两者确保以后，公司一定会持续发展。"先有鸡，才有蛋"这就是我们的假设。因为我们对未来有信心，所以我们敢于先给予，再让他去创造价值。只要我们的激励是导向冲锋，将来一定会越来越厉害。

2. 逐步实施岗位职级循环晋升，激发各单位争当先进。

第一，我们实际已有的薪酬标准就不要改变了，动的是个人职级。第二，以岗定级不能僵化。以后有少部分优秀人员，没岗位但允许有个人职级，要看重这些人有使命感、创造力。如果脱岗定级的问题现在找不到合适方法来操作，就把优秀人员的岗位职级先调整了，然后他自己再去人岗匹配，程序还是不变，这个机制可以叫做"岗位职级循环晋升"。如原来 20 级的组织，其中做得优秀的那 30%可以转到 21 级，每三年转一圈，做得好的才动。每年拿30%优秀部门来评价，如果明年这个岗位还在先进名单里，就更先进了，还要涨。落后的没涨，就会去争先进，争先进的最后结果，我们把钞票发出去了，而且主要发给优秀单位。实行全球 P50 标准工资的人员范围应该还要向下覆盖。若当公司出现危机时，不是一两百人就能够救公司的。具体如何操作法，扩大到多大规模，我不知道。

3. 差异化管理各类人员薪酬，激发员工的活力。

特殊专业人群可以采用特殊方式的用工和激励方式，如厨师可以拿提成制，多劳多得，抢着出单，才能促进服务质量的提高；法务、翻译等人群，可保留和激励自己的骨干作战队伍，也可以临时用社会上的资源，比如同声翻译，短期雇佣一次，表面上看起来会花不少钱，实际使用起来的总成本还是降低了；文字翻译，只要能及时交付翻译稿件，也可以在家里上班。建立这样的社会平台组织，我们自己的组织就缩小了。

在海外薪酬福利管理要简单化，逐步走向像西方的市场化管理。已经实行全球 P50高工资的人很多补贴要取消，要建立一个制约措施，不能让大家比赛浪费，过多的补贴不一定让战斗力增强，可能还是惰怠的，不是激励性的。若大家不愿意去利比亚、伊拉克等地区，可以提高特有的激励待遇体系，这是激励措施不是补贴。以前我们为了阿富汗能去 18个人，却采取各种全球化的限制方案，把整个组织都压得喘不过气来，现在的做法就是用阿富汗、伊拉克或中国新疆等地区的特有激励方案牵引大家去，别的体系则正常运作。

4.非物质激励就是要把英雄的盘子画大，敢于表彰，促使员工进行长期自我激励。

第一，非物质激励就是要把英雄的盘子画大，毛泽东说"遍地英雄下夕烟"。现在我们要把英雄先进比例保持在 60%~70%，剩下 30%~40%，每年末位淘汰，走掉一部分，这样逼着大家前进。第二，敢于花点钱做一些典礼，发奖典礼上的精神激励，一定会有人记住的，这就是对他长期进行自我激励。美军海军学院的毕业典礼很独特，在方尖塔上涂满猪油，让大家爬这个塔，大家一层层地攻，欢庆这个典礼。华为大学也要构思一个华为自己的典礼形式，不要总是扔帽子。

第四章

激活组织

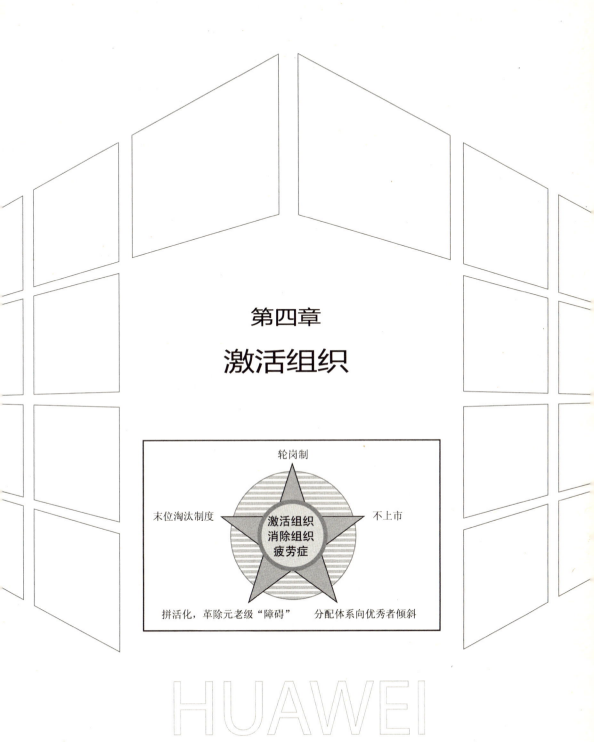

第一节　分配体系向优秀者倾斜

"效益优先、兼顾公平是市场经济的特点，倒过来公平优先、兼顾效益，这个社会就要垮掉了，因为没有火车头了。社会要富裕，它必须要有火车头拉着跑。火车头拉的时候，就要有动力，这个动力就是差异。"任正非如是说。

实际上，华为倡导分配逐渐向优秀员工倾斜，是通过差异化策略来实现的，例如贡献突出的拿得多，反之则拿得少。还有就是利用绩效考核拉大员工之间的差距，给予高绩效人员更高的报酬和待遇。

这种差异化的策略激活了内部竞争，好的更好，坏的得到清除；同时，也体现了公平的原则，优秀的员工通过努力，不断实现自我价值，使懒人、庸人无机可乘。

华为公司在对员工进行绩效考核上采取定期考察、实时更新员工工资的措施，员工不需要担心自己的努力没有被管理层发现，只要努力工作就行。华为的这种措施保证了科研人员比较单纯的竞争环境，有利于员工的发展。

在保持绩效考核合理性的同时，为了减少或防止办公室政治，华为公司对领导的考察上也从三维角度进行，即领导个人业绩、上级领导的看法以及领导与同级和下级员工的关系。领导正式上任前要通过六个月的员工考核，业绩好只代表工资高，并不意味着会被提升。这样的领导晋升机制从道德角度和利益角度约束了领导的个人权力，更加体现了对下级员工意见的尊重。

华为一直注重分配体系向奋斗者、贡献者倾斜。在华为电邮文号［2011］16号，《从"哲学"到实践》的文章中这样记述："公司的价值分配体系要向奋斗者、贡献者倾斜，给火车头加满油。我们还是要敢于打破过去的陈规陋习，敢于向优秀的奋斗者、有成功实践者、有贡献者倾斜。在高绩效中去寻找有使命感的人，如果他确实有能力，就让他小步快跑。差距是动力，没有温差就没有风，没有水位差就没有流水。我主张激励优秀员工，下一步我们效益提升就是给火车头加满油，让火车头拼命拉车，始终保持奋斗热情。"

刚毕业的本科生进入华为的起薪标准为6000元／月左右，研究生为8000元／月左右，这种区别随着工作年限加长而越来越小，主要比拼的是工作业绩和能力。

为了保证公司内部管理公平，并持续保持激活状态，2006年来华为推行"以岗定级、以级定薪、人岗匹配、易岗易薪"的薪酬制度改革，根据岗位责任和贡献产出，确定每个岗位的工资级别；员工匹配上岗，获得相应的工资待遇；员工岗位调整了，工资待遇随之调整。华为人力资源委员会认为，这次改革受益最大的，是那些有奋斗精神，勇于承担责任、冲锋在前并做出贡献的员工；受鞭策的，是那些安于现状，不思进取，躺在功劳簿上睡大觉的员工。"老员工如果懈怠了、不努力奋斗了，其岗位会被调整下来，待遇也调整下来。"

2008 年，任正非在市场部年中大会上这样说道："企业的目的十分明确，是使自己具有竞争力，能赢得客户的信任，在市场上能存活下来。要为客户服好务，就要选拔优秀的员工，而且这些优秀员工必须要奋斗。要使奋斗可以持续发展，必须使奋斗者得到合理的回报，并保持长期的健康。"

华为在报酬方面从不羞羞答答或遮遮掩掩，而是公开、坚决向优秀员工倾斜。

华为曾用 4 万元的年薪聘请了一位从事芯片研发的工程师。这位工程师来到华为以后，为华为攻破了一道道难关，他为华为做出的贡献远远高于 4 万元。公司也看在眼里，不久就给他加薪，并且一次性将他的年薪涨到 50 万元。

对于这件事，任正非说："拿下狮子周围那些领地来，会有你们各自的份额。"可见，华为坚决执行向优秀员工倾斜的制度的决心和力度这刺激了员工不断前进的欲望。更重要的是，很多本来优秀的员工也愿意付出更多的热情、心血和努力投入到公司的发展浪潮中，与企业共存亡。

为了完善分配体系，让优秀员工得到合理的回报，华为还研究了很多国外先进的管理模式，并把它们引入管理中来。任正非要求华为大胆尝试，大胆改革。

华为的核心价值观是"以客户为中心，以奋斗者为本，长期坚持艰苦奋斗"。而在实践过程中是如何落地的？

2009 年，EMT 纪要会议给出了答案："继续对奖金进行优化，率先在奖金激励机制上打破平衡：一是打破跨区域的平衡，二是打破区域内部的平衡，三是打破人与人之间的平衡。如果看到哪里奖金很平均，那这个干部就该换了，做不到奖勤罚懒，结果就是好的全走光了，差的全挤在那儿。今年公司明确了有 5% 的人员奖金为零，哪个大部门定不出这 5% 的人，那个部门的奖金就不能启动发放，当然这是指大部门而言，小部门不要这样僵硬。但在任职资格和人岗匹配上还是强调要跨区域保持平衡，因为人员总是要流动的。"

2014 年，任正非甚至在人力资源工作汇报会上表示："跑到最前面的人，就要给他大奖励。"

第二节　拼活化，革除元老级"障碍"

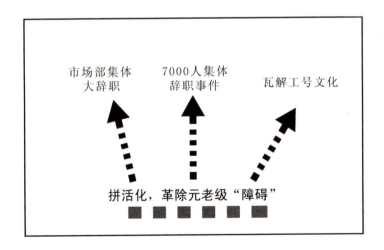

华为文化本质上是"蓝血绩效文化"，带有军事化与校园文化的

组织文化特征，强调业绩导向与执行，强调"上甘岭上出干部"，强调"谁最有业绩，谁最有资源分配权、发言权"。实际上是把外部竞争的压力转化为企业内部的竞争力，不断激活沉淀层，从而形成了华为"三高"——高压力、高绩效、高回报的文化氛围。

在任正非看来，一个组织时间久了，老员工收益不错、地位稳固就会渐渐地沉淀下去，成为一团不再运动的固体：拿着高工资、不干活。因此他爱"搞运动"，任正非认为，将企业保持激活状态非常重要。任正非在其题为《华为的红旗到底能打多久》的演讲中谈道："公司在经济不景气时期，以及事业成长暂时受挫阶段，或根据事业发展需要，启用自动降薪制度，避免过度裁员与人才流失，确保公司渡过难关。其真实目的在于，不断地向员工的太平意识宣战。"

2011年12月，任正非分析了华为人员流动的原因，他这样说道："我人生中并没有合适的管理经历，从学校到军队，都没有做过有行政权力的'官'，不可能有产生出有效文件的素质，左了改，右了又改过来，反复烙饼，把多少优秀人才烙糊了，烙跑了……这段时间的摸着石头过河，险些被水淹死。"

很多人在华为工作10年，就已经赚到可以退休的钱，这就造成了一批阻碍公司成长的"沉淀层"，工号20000之前的，被称为是公司内的"贵族"，享有职位与年资上的特权。为此，华为分别在1996年与2007年，由董事长孙亚芳及任正非本人各发起了一次"集体辞职"的大运动，两次涉及的人数都将近7000人。

市场部集体大辞职

　　华为的大规模人力资源体系建设,开始于 1996 年。1996 年 1 月,华为发生了一件被内部人称为"惊天地,泣鬼神"的大事——市场部集体大辞职。当时,华为市场部所有正职干部,从市场部总裁到各个区域办事处主任,所有办事处主任以上的干部都要提交两份报告,一份是述职报告,一份为辞职报告,采取竞聘方式进行答辩,公司根据其表现、发展潜力和企业发展需要,批准其中的一份报告。在竞聘考核中,大约 30% 的干部被替换下来。表面看来,这是华为市场部的一次重大变动,而任正非的真实用意,却更加深远。

　　1995 年,随着自主开发的 C&C08 交换机市场地位的提升,华为的年度销售额达到了 15 亿元,标志着华为结束了以代理销售为主要赢利模式的创业期,进入了高速发展阶段。创业期涌现的一批个人英雄,随着公司业务的转型,许多已经无法跟上企业快速发展的步伐。企业管理水平低下的问题,也逐渐暴露出来,成了制约公司继续发展的瓶颈。

　　华为当时所面临的,是整个中国社会的一个普遍问题:官只能越做越大,工资只能越升越高,免掉或降低职位,都意味着彻底的失败。因此,选择什么样的变革模式,尽量减少对人们心理所造成的冲击,是解决问题的关键。集体辞职,让大家先全部"归零",体现了起跑位置的均等;而竞聘上岗,则体现了竞争机会的均等,这种野火般激烈的方式背后,实际隐含着的是一种"公平"。能不能上,真有能力的人下了还能上,烧不死的鸟就是凤凰!一位降职干部在大会上慷慨陈词："我的羽毛被烧掉了，但它发出的光芒能照亮后来的人！"何等悲壮激昂的气概。[1]

1999 年，任正非在华为电气学习《99 年十大管理要点》汇报会上讲道："公司是一定要铲除沉淀层，铲除落后层，铲除不负责任的人，一定要整饬吏治。对于一个不负责任而且在岗位上的人，一定要把他的正职撤掉，等到有新的正职来时，副职也不能让他干。对于长期在岗位上不负责的人，可以立即辞退。若不辞退，这个队伍还有什么希望呢？若你不能认识到这个问题，你就不会有希望。没有一个很好的干部队伍，一个企业肯定会死亡。"

2000 年，任正非在"集体辞职"4 周年纪念讲话中，对 1996 年以孙亚芳为首的那次历史事件给予了高度的评价："市场部集体大辞职，对构建公司今天和未来的影响是极其深刻和远大的。任何一个民族，任何一个组织只要没有新陈代谢，生命就会停止。如果我们顾全每位功臣的历史，那么就会葬送公司的前途。如果没有市场部集体大辞职所带来对华为公司文化的影响，任何先进的管理，先进的体系在华为都无法生根。"

过去 30 年，大多数有一点儿规模的中国公司都发生过销售团队集体哗变的现象，在华为 20 多年的历史上却从来没有发生过这样的事。市场部大辞职的结果是什么呢？形成了华为组织文化中的"能上能下"，这是非常关键的第一步。

市场部的集体辞职开了华为"干部能上能下"的先河，也被业内视为企业在转型时期顺利实现"新老接替"的经典案例。

1　华为的人力资源管理，搅活"沉淀层"锻炼优秀者 [OL]. 易才网，2006

7000 人集体辞职事件

2007 年 11 月初，新《劳动合同法》实施的前夕，华为出台了一条关于劳动合同的新规定：华为公司包括"一把手"任正非在内的所有工作满 8 年的华为员工，在 2008 年元旦之前，都要先后主动办理辞职手续（即先"主动辞职"后"竞业上岗"），再与公司签订 1 ~ 3 年的劳动合同。所有自愿离职的员工将获得华为相应的补偿，补偿方案为 "N+1" 模式（N 为员工在华为连续工作的工作年限）。如果某个华为员工的月工资 5000 元，一年奖金是 60000 元，假如他在华为工作了 8 年，那么他得到的最终赔偿数额就是 10000 元（工资＋年奖金平摊）乘以 "8+1"，计 90000 元。在达成自愿辞职共识之后，再竞争上岗，与公司签订新的劳动合同，工作岗位基本不变，薪酬略有上升。

此次自愿辞职的老员工大致分为两类：自愿归隐的"功臣"和长期在普通岗位的老员工，工作年限均在 8 年以上。其中一些老员工已成为"公司的贵族"，坐拥丰厚的期权收益和收入，因而"缺少进取心"。

华为对员工从基本技能培训到领导力、执行力的培养都有独到之处。一个经验丰富的员工显然比刚走出校门的毕业生工作能力强得多，所以重视招聘的华为更重视维系在职员工的忠诚度。但是，像虚拟股份、以工号记资历等措施，也造成部分老员工滋生惰性丧失创新激情。适逢新《劳动合同法》推出，华为遂顺势而为，用人事震荡来刺激一下老员工，旨在打破"小富即安"的思想，唤醒员工的"狼性"，提升企业的竞争力，为公司注入新的活力。

同时，这也跟通信行业大环境有关。电信行业竞争越来越激烈，特别是大的电信运营商出现大的合并浪潮，由此造成上游电信设备商日子越来越不好过。诺基亚、西门子、阿尔卡特和朗讯都在做并购，并购之后的日子也不好过，并购后厂商利润也在下滑。没有参加并购如爱立信这样的公司日子也不好过，也是出现利润大幅度下滑。

回到华为来看，华为现在同样面临这样一个问题。华为财报的数据显示，华为2006年合同销售额达到110亿美金，销售收入达到85亿美金，净利润5亿多美金，它的收入是在快速增长，但是它的利润率却在大幅度下降，从2003年开始华为的毛利率是53%，2004年下降到50%，2005年下降到41%，2006年只有36%，下降得非常厉害。在这样一种情况下华为面临着怎样进行调整的问题，除了开源，在国际市场加大开拓力度，另外一方面就是要节流。华为从2006年开始进行定岗定薪，很多员工重新开始在公司内部调整职位，这种调整在华为实际已经进行了一到两年时间。只不过2007年颁布的《劳动合同法》进一步促进华为对公司内部结构的调整。

此次人事变革并非"强制性"的，而是允许员工进行二次自愿选择。华为称，不排除有些员工是出于"从大流"的心理而做出"辞职"决定，因此提出这部分员工可以再次做出自愿选择的建议：他们可以退出 N+1 补偿，同时领回原来的工卡，使用原来的工号。事实上，到最后，没有任何员工提出要退回 N+1 经济补偿，领回原来的工卡，使用原来的工号。

根据华为的通告显示，这次大辞职事件总共涉及了 6687 名高、中级干部和员工。最后的结果是，6581 名员工已完成重新签约上岗，共有 38 名员工自愿选择了退休或病休，52 名员工因个人原因自愿离开公司寻求其他发展空间，16 名员工因绩效及岗位胜任等原因离开公司。

这份通告将此次事件总结定性为"7000 人人事变革事件"，并称这将与"1996 年市场部集体大辞职"、"2003 年 IT 冬天时部分干部自愿降薪"一样，永载华为史册。

辞职后又重新上岗的员工没有提出过多反对意见，另外，他们拿的补偿金比较高。即使离开了华为，有在华为的工作资历，在深圳找份新工作并不难。

这种激进的做法引起当时舆论哗然，相关部门甚至介入调查华为此举是否有违法之嫌，但出乎意料的是，华为员工竟然没有出现激烈的抗争行动，辞职再回任的比率甚至高达 99%。

这是因为不回任者必须在离开前将股份卖回给公司，而重聘者可能被降阶降薪，但持有股数不会因此稍减，只要公司继续成长获利，他依然可靠持股享受分红好处。

这个做法，让华为一方面保全了资深者作为股东的利益，一方面又促进新陈代谢，让一批更年轻、更有能力的人上来，担当与其绩效相符的职位。一般公司会遇到的成长瓶颈与人事困境，华为再一次靠"让员工当老板"的原则跨过。

任正非在一次访问日本归来，体会到日本经历过大萧条处境，他自行撰述的一篇文章《北国之春》中描述华为的处境："华为像一片树叶，有幸掉到了这个潮流的大船上，是躺在大船上随波逐流到今天，本身并没有经历惊涛骇浪、洪水泛滥、大堤崩溃等危机的考验。因此，华为的成功应该是机遇大于其素质与本领。

"什么叫成功？是像日本那些企业那样，经九死一生还能好好活着这才是真正的成功。华为没有成功，只是在成长。

"华为经过的太平时间太长了，在和平时期升的官太多了，这也许会构成我们的灾难。泰坦尼克号也是在一片欢呼声中出的海。"

在任何一个华为值得鼓掌的关头，任正非都是采取这种当头棒喝的做法，让每个华为人头脑清醒，因为他知道天道循环的道理，生与灭其实只在一线之间，唯有如此，华为才能在充满更多的挑战中找到下一个惊喜。[1]

瓦解工号文化

"工号文化"在华为的发展过程中起了较为重要的作用，工号的唯一性有利于华为进行人力资源管理，工号的信息属性能够有效地反映出工号拥有者的身份、资历、地位，便于相互不熟悉的员工之间基于工号建立"下尊上、新尊老"的企业伦理文化氛围。

一位曾在华为任职的人士表示，在很多华为人眼中，工号的长短被视为炫耀的资本。工号是华为对员工的编号，任正非是001号，依此类推，按照入职时间先后排序。华为在成立初期为了给予员工长期激励，建立了股权激励计划，员工根据工作时间长短可以获得一定的内部股，由于股权与工作时间以及员工的工号间接相连，这就形成了华为独特的"工号文化"。

1　为啥全世界都怕华为？为培养团队肯给员工百万股利 [OL]. 搜狐，2014

早年进入华为的一拨人里，以 2001 年为分水岭，后来进入的属于"新人"。区别在于，前一拨多是以应届生和准应届生身份进入华为的，工号较小，一般在 20000 多号以前。

在"新人"眼中，这一拨人也是"有钱人"的代名词，由于分得大量的股票，他们每年分红收益甚至超过工资。华为的工号文化，除了让大家觉得工号靠前的人就是有钱人之外，在公司的很多方面也有很深的影响。

如在回复电子邮件方面。华为邮件使用 notes 系统，工号会出现在邮件中。由于华为的工号已经排到十万序列，名字很难标示一个人的身份，于是工号就成为人们猜测、识别来信者身份的一个线索。每天接收众多公司内部的邮件，多数人是懒得回复的。

一些华为员工的处理原则是：部门内同事的邮件要回复并处理。不认识发件者的邮件，工号靠前的，先查查对方有没有配秘书，配了就是大领导，马虎不得；没配秘书的，出于尊重（如共同打拼、素质良好、或许对方是业务骨干等都是尊重理由）也会回复。而工号靠后的，如果不是熟悉的哥们儿，则一律不予理睬。

华为员工王小乐（化名）2004 年进入华为。王小乐这样描述华为的工号文化："有事要发邮件，一般年轻员工都不理，然后就抄送给一个焊工房的女孩，一个操作工，她来得很早，几百号，一看同时抄送给她，所有人就回邮件（以为领导在关注了），非常重视。"

华为员工童小松（化名）说道：记得有一次我找到公司专门预订机票的部门预订机票，这个部门的服务员首先就是看工号，一看我的工号比较靠后，询问信息时对我呼来喝去。而在此时，进来一位工号比较靠前的同事，这位服务人员立马热情异常。这让我非常郁闷。

在 2007 年华为"7000 人集体辞职事件"中，华为公司要求包括任正非在内的所有工作满 8 年的员工，在 2008 年元旦之前，都要办理主动辞职手续，竞聘后再与公司签订 1 ~ 3 年的劳动合同；废除现行工号制度，所有工号重排序。001 号不再是总裁任正非的专属号码。

华为采取辞职再上岗的方式，其实就是核心高管们已经意识到"工号文化"的巨大危害。任正非以身作则，也就没有任何人敢提出异议。所以这一政策更多的目的是企业内部自救式的改革。

第三节　末位淘汰制度

末位淘汰制是绩效考核的一种制度。末位淘汰制是指工作单位根据本单位的总体目标和具体目标，结合各个岗位的实际情况，设定一定的考核指标体系，以此指标体系为标准对员工进行考核，根据考核的结果对得分靠后的员工进行淘汰的绩效管理制度。末位淘汰制的作用：一方面末位淘汰制有积极的作用，从客观上推动了员工的工作积极性、精简机构等；另一方面末位淘汰制也有消极的方面，如有损人格尊严、过于残酷等。

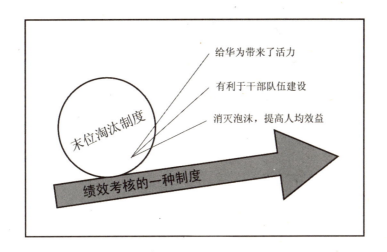

对"末位淘汰"最经典的解释是 GE 前 CEO 杰克·韦尔奇所推崇的"活力曲线"（Vitality Curve）。在 GE 每年各级经理要将自己部门的员工进行严格的评估和区分，从而产生 20% 的明星员工（"A"类）、70% 的活力员工（"B"类）以及 10% 的落后员工（"C"类），"通常表现最差的员工都必须走人"。就是这样一年又一年的区分与淘汰提升了整个组织的层次，这也就是韦尔奇所称的"造就一个伟大组织的全部秘密"。

任正非十分认同韦尔奇的"活力曲线"，他说："有人问，末位淘汰制实行到什么时候为止？借用 GE 的一句话来说是，末位淘汰是永不停止的，只有淘汰不优秀的员工，才能把整个组织激活。GE 活了 100 多年的长寿秘诀就是'活力曲线'，活力曲线其实就是一条强制淘汰曲线，用韦尔奇的话讲，活力曲线能够使一个大公司时刻保持着小公司的活力。GE 活到今天得益于这个方法，我们公司在这个问题上也不是一个三五年的短期行为。但我们也不会草草率率对人评价不负责任，这个事要耐着性子做。"

末位淘汰制是一种强势管理，旨在给予员工一定的压力，激发他们的积极性，通过有力的竞争使整个单位处于一种积极上进的状态，进而提高工作的效率和部门效益。在华为这样一个重视清除沉淀层的企业，自然十分重视"末位淘汰"。

任正非曾在一次内部讲话中指示："每年华为要保持5%的自然淘汰率。"

"末位淘汰制"与"裁员"有着本质区别，前者则是为了激励员工，使他们觉醒，不要落后于时代；后者主要是企业为了摆脱包袱，迫不得已而采取的手段。前者过滤的是一些无法接受挑战，或不愿作出改变的人，后者很多时候是一刀切。

给华为带来了活力

在华为，实施末位淘汰与其要求员工要保持强烈的危机意识，目的是一致的。"华为的危机，以及萎缩、破产是一定会来到的"，任正非在他那篇著名的《华为的冬天》中如是说。而当觉察到这种萎缩就要到来时，保持每年5%的自然淘汰率比进行裁员更有利于华为的人员管理。

任正非认为通过淘汰5%的落后分子能促进全体员工努力前进，让员工更有危机感，更有紧迫意识。员工为了不被淘汰，就必须不断地提高自己，调整自己，以适应公司的要求和发展形势。而这种能上能下、有进有出的竞争机制也给华为带来了活力。任正非在其文章《能工巧匠是我们企业的宝贵财富》中写道："由于市场和产品已经发生了结构上的大改变，现在有一些人员已经不能适应这种改变了，我们要把一些人裁掉，换一批人。因此每一个员工都要调整自己，尽快适应公司的发展，使自己跟上公司的步伐，不被淘汰。只要你是一个很勤劳、认真负责的员工，我们都会想办法帮你调整工作岗位，不让你被辞退，我们还在尽可能的情况下保护你。但是我们认为这种保护的能力已经越来越弱了，虽然从华为公司总的形势来看还是好的，但入关的钟声已经敲响，再把公司当成天堂，我们根本就不可能活下去。因为没有人来保证我们在市场上是常胜将军。"

对于被排在末位的员工，对于不能吃苦受累的员工，任正非的态度非常坚决：裁掉走人。在 2002 年的《迎接挑战，苦练内功，迎接春天的到来》一文中，任正非说道："排在后面的还是要请他走的。在上海办事处时，上海的用户服务主任跟我说，他们的人多为独生子女，挺娇气的。我说独生子女回去找你妈妈去，我们送你上火车，再给你买张火车票，回去找你妈去，我不是你爸也不是你妈。各位，只要你怕苦怕累，就裁掉你，就走人。"

在华为，被裁掉的人一般有两种：一种是无法接受华为的企业文化，没法适应快节奏、高压力、常加班；另一种是在华为待的时间长了，工作的能力和积极性下降，工作效率达不到要求。"末位淘汰制"还可以帮助华为招揽更多优秀人才。由于经济形势导致一些同行业公司破产或者裁员，致使不少优秀、熟练的人才流落到了市场上。而华为需要大量的优秀人才，所以华为严格执行末位淘汰政策，也有很大一部分原因是想要空出岗位，招揽这些能为企业立即带来效益的优秀人才。

有利于干部队伍建设

对于"老资格"的干部，任正非同样实施着严格的淘汰制度，他说："我们非常多的高级干部都在说空话，说话都不落到实处，'上有好者，下必甚焉'，因此产生了更大一批说大话、空话的干部。现在我们就开始考核这些说大话、空话的干部，实践这把尺子，一定能让他们扎扎实实干下去，我相信我们的淘汰机制一定能建立起来。"

在任正非看来，末位淘汰制度有利于干部队伍建设，可以让员工更有效地监督领导干部，使领导干部有压力，更好地运用权力，使清廉而有能力的干部得到应有的晋升。华为实行干部末位淘汰制，其目的也是在干部中引进竞争的机制，增强干部的危机意识。

作为一个庞大的集团，华为要想能够使其始终保持高速运转的形式，就必须构建一支优秀的管理队伍。因此，在华为，不管员工以前做过多么大的贡献，都不会享受干部终身制，而是坚持干部末位淘汰制度，建立良性的新陈代谢机制，不间断地引进一批批优秀员工，形成源源不断的干部后备资源；开放中高层岗位，引进具有国际化运作经验的高级人才，加快干部队伍国际化进程。

2013年第三季度，华为实行了一项政策，那就是"中层员工每年末位淘汰5%，基层员工末位淘汰10%"。任正非给予了说明，所谓的金融危机还没有完全爆发。"财务曾算过账，华为公司的现金够吃3个月，那第91天时，华为公司如何渡过危机呢？"任正非指出，"在这个时期，我们首先要坚定不移地贯彻干部的末位淘汰制。现在我们强调代表处代表和地区部总裁要实行末位淘汰，大家要比增长效益。"坚持从战略贡献中选拔出各级优秀干部。任正非特别提到，华为的干部获得提拔的充分必要条件有两条，既要能使所在部门盈利，又要有战略贡献。"如果你不能使这个代表处产生盈利，我们就对你末位淘汰；如果你有盈利，但没有做出战略贡献，我们也不会提拔你。"

消灭泡沫化，提高人均效益

虽然有些人认为华为的末位淘汰机制过于残酷，使员工缺乏安全感，也不符合人性化的管理思想。但任正非认为，实行末位淘汰还是有好处的，是利大于弊的。任正非在华为例会上说道："事实上我们公司也存在泡沫，如果当年我们不去跟随泡沫当时就会死掉，跟随了泡沫未来可能也会死掉。我们消灭泡沫的措施是什么？就是提高人均效益。

"队伍不能闲下来，一闲下来就会生锈，就像不能打仗时才去建设队伍一样。不能因为现在合同少了，大家就坐在那里等合同，要用创造性的思维方式来加快发展。军队的方式是一日生活制度、一日养成教育，就是要通过平时的训练养成打仗的时候服从命令的习惯和纪律。如何在市场低潮期间培育出一支强劲的队伍来，这是市场系统一个很大的命题。要强化绩效考核管理，实行末位淘汰，裁掉后进员工，激活整个队伍。

"实行末位淘汰让一些落后的员工走掉也有利于保护优秀的员工，我们要激活整个组织。大家都说美国的将军很年轻，其实了解了西点的军官培训体系和军衔的晋升制度就会知道，通往将军之路，就是艰难困苦之路，西点军校就是坚定不移地贯彻末位淘汰的制度。"

需要注意的是，末位淘汰制度有多种形式。如果末位淘汰的结果是将处于末位的劳动者调离某一职位，换一个岗位后工作，或者对处于末位的劳动者进行培训后再工作，那么这样形式的末位淘汰制度就不违反我国的劳动法。如果根据考核排名的结果直接把处于末位的员工从岗位上辞退，则是违反劳动法的。

事实上，华为那些被淘汰下来的员工并不完全是被解雇，有一部分可以进入再培训，或选择"内部创业"。《华为公司基本法》这样规定："利用内部劳动力市场的竞争与淘汰机制，建立例行的员工解聘和辞退程序。"除此之外，《华为公司基本法》还规定："公司在经济不景气时期……启用自动降薪制度，避免过度裁员与人才流失，确保公司渡过难关。"

可以看出，华为虽然一直在执行末位淘汰，但其原则正如任正非所言，目的在于提高人均效益，打造一支善于冲锋陷阵、无往而不胜的"铁军"。

华为的国际对手思科同样是利用末位淘汰制来使员工保持一贯的激情。思科的前中国区总裁杜家滨在接受媒体采访时说道："我们当然是希望大家都能够做到最好，但如果自己不愿意进步，不能保持激情，我们怎么能期望他有为客户服务的良好状态呢？待得越长的员工越要想办法调动他的积极性，使他愿意去付出更多的努力。

"我们公司有从上至下的末位淘汰制，每一季度都有。是换岗还是走人看具体情况。新人与旧人的区别就是，新人可能对新岗位有好奇心，有愿意做好的愿望，而旧人可能面对同样的问题敏感度不高了，或者是因为其他原因不愿意去付出更多，这就是换岗的意义之一。对于那些做得不好的人，我们的原则是一定要给他换岗位，如果一个人在某个岗位上有了相当多的经验，把他换走对公司也会有一定的影响，虽然要慎重，但是从个人发展的角度看，我们要帮助员工成长，要帮助他们达到一个新的里程碑。"

第四节　轮岗制

"轮岗制"是华为实行的一种体验式的快速学习方式。

普通员工轮岗

几乎所有华为员工都有过轮岗的经历，一般华为员工工作1～2年后就要换一个岗位，而且还有比这更频繁的。这样频繁地进行岗位调动，首先是因为华为公司近些年来业务的急速发展，人员数量扩张得非常厉害，而且由于招聘的员工基本是大学校园的应届毕业生，根本无法知道谁在什么岗位上是最合适的，因此"轮岗"的制度可以使员工各得其所。对于那些已经在华为工作了几年的老员工而言，若不实行实行轮岗制，可能有的员工会想，来公司已经好几年了，除了向目前的序列发展之外，我还有什么样的发展空间呢？我还有什么样的能力呢？

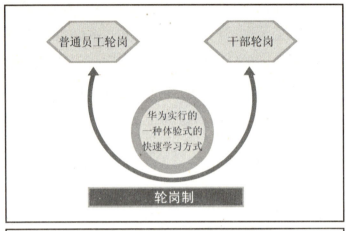

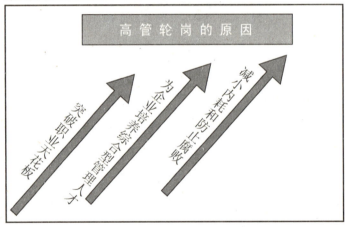

其次，华为的管理者看到企业部门与部门、人与人之间的信息交流和相互协作出现了问题。用企业员工自己的话说就是："总部一些制定政策的部门不了解一线客户需求，出台的政策很难执行，瞎指挥。""服务部门和事业部有隔阂，话说不到一块儿去。"没有切身的体会是很难做到换位思考的，轮岗制正是解决这个问题的良药。

同样，在岗位上已经工作了一段时间的员工进入一个新的领域其实并不困难。华为在考虑了员工的学习能力和工作表现后，会让他进入一个崭新的岗位，本来在机关从事管理的岗位，突然换到市场从事一线销售的也大有人在，华为这样做更多的是希望员工通过丰富的职业经验来拓宽他们职业的视野以及事业发展的宽度。

华为前人力资源总裁张建国表示："一个人在一个岗位干的时间长了，就会有惰性，产生习惯思维。但是到了新的岗位以后，会激活他的思想，大家一般都会想表现得好一些，所以在新岗位的积极性也会很高。工作几年以后，人到了一个舒适区，也就很难有创新了，所以一定要有岗位的轮换。在华为，没有一线工作经验的不能当科长。新毕业大学生一定要去做销售员，做生产工人，你干得好就提上来。"

通过岗位调换华为实现了人力资源的合理配置和潜力的激活，促进了人才的合理流动，使人力资本的价值发挥到最大。

如果员工在某个岗位感觉不是得心应手，华为会允许他再重新选择一个他认为更合适的岗位，当然华为也提倡"干一行，爱一行"。为防止基层员工随意转岗，任正非指示有关部门，那些已经转岗的和以后还要转岗的基层员工，只要不能达到新岗位的使用标准，而原工作岗位已由合格员工替代的，建议各部门先劝退，各部门不能在自己的流程中，有多余的冗积和沉淀，华为每年轮岗的人数不得超过总数的17%。他警告说，哪个部门的干部工作效率不高，应由这个部门的一把手负责任。

干部轮岗

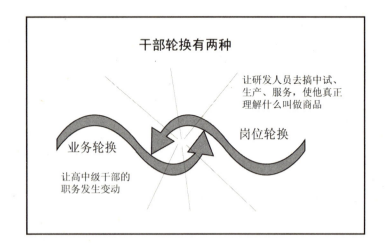

华为干部轮换有两种，一是业务轮换，如让研发人员去搞中试、生产、服务，使他真正理解什么叫做商品。另一种是岗位轮换，即让高中级干部的职务发生变动。任正非认为，职务变动有利于公司管理技巧的传播，形成均衡发展，同时有利于优秀干部快速成长。

按照华为公司惯例，一般业务线主要领导每隔三年左右都会进行轮岗。任正非主张高层干部要下基层，要在实践中增长才干，其中一个重要的保证，就是实行干部轮岗制。在他看来，职务变动有利于公司管理技巧的传播，形成均衡发展，同时有利于优秀干部快速成长。任正非称："干部循环和轮流不是一个短期行为，是一个长期行为。华为会逐步使内部劳动力市场逐渐走向规范化，要加强这种循环流动和培训，螺旋式提升自己。"

"轮岗制"不仅有平级向上晋升，还有降级轮换的。甚至很多人都是从副总裁被直接任命为办事处主任的。如果没有一套健全的调节机制做保障，干部队伍可能会因此而乱掉，正常的工作部署也会七零八落。这种看似残酷的培训方式成为华为培养后备人才行之有效的途径之一。同时，对于个人来讲，无论是升迁还是降级，都是人生的一笔财富。

最初提出岗位轮换的是华为前副总裁李一男，他当时给任正非写了一个报告，建议高层领导一年一换，这样不容易形成个人权力圈，造成公司发展整体不平衡。这个建议得到了任正非的认可，并立即在华为推广开来。任正非表示："我们对中高级主管实行职务轮换政策。没有周边工作经验的人，不能担任部门主管。没有基层工作经验的人，不能担任科级以上干部。"

企业实施高管轮岗的原因很多，但总结起来不外乎出于三个方面的考虑：突破职业天花板、为企业培养综合型管理人才、减小内耗和防止腐败。华为的每一位主管几乎都有轮岗、换岗的经历，调换工作地点或者部门对他们来说很平常。而调换的原因可能因为业绩不佳，需要更合适的人选来替代；也可能因为干部的业绩太好，调换到新的岗位可以把好的经验加以推广；更可能没有任何理由。因为任正非希望通过干部强制轮岗，鼓励管理者积累多项业务的管理经验，并促进部门之间、业务流程各环节之间的协调配合，同时制度化和经常化的轮岗，也有利于激活团队。

任正非在其题为《华为的红旗到底能打多久》的内部演讲中说道："去年（2000年）我们动员了200多个硕士到售后服务系统去锻炼。我们是怎样动员的呢？我们说，跨世纪的网络营销专家、技术专家

要从现场工程师中选拔，另外，凡是到现场的人工资比中研部高 500
元。一年后，他们有的分流到各种岗位上去，有的留下做了维修专家。
他们有实践经验，在各种岗位上进步很快，又推动新的员工投入这
种循环。这种技术、业务、管理的循环都把优良的东西带到基层去了。"

为加强研发市场驱动机制的运作，充分理解客户的需求，促进
人才在华为内部的轮换和流动，华为每年都要派一些研发干部去市
场，让那些一直在实验室里与设备打交道的科研人员到市场一线，
直接接触客户。

轮岗已成为企业培养人才的一种有效方式，很多成功的公司如
IBM、西门子、爱立信、联想等都已经在公司内部或跨国分公司之间
建立了岗位轮换制度。

在华为的岗位轮换上，华为前执行副总裁毛生江的职业经历很
具有代表性。他从 1992 年进入华为，到 2000 年升任集团执行副总裁，
8 年时间，他的工作岗位横跨了 8 个部门，职位也随之高高低低地
变动了 8 次：1992 年 12 月任项目组经理；1993 年 5 月任开发部副
经理、副总工程师；1993 年 11 月任生产部总经理；1995 年 11 月调
任市场部代总裁；1996 年 5 月，任终端事业部总经理；1997 年 1 月
任"华为通信"副总裁；1998 年 7 月任山东代表处代表、山东华为
总经理；2000 年 1 月，被任命为华为执行副总裁。毛生江这样说道：
"人生常常有不止一条起跑线，不会有永远的成功，也不会有永远的
失败，但自己多年坚持一个准则：既然选择，就要履行责任，不管
职责如何变迁，不管岗位如何变化，'责任'两字的真正含义没变。"

2013 年，任正非在公司内部会上讲道："出成绩的地方一定要

出人才。现在还有 30% 的小国是亏损的，你们看 70% 盈利的小国，能否把 30% 的亏损小国带起来，优秀的人员可否把他调到亏损小国当头去？先把这 30% 的小国扭亏，干部横向调整就可以做起来，我们就能尽快把优秀干部调整到合适的岗位上去。当然，我更主张内生干部，有些小国虽然进步还小，但主管已经在改变，要给他机会。这样，大家就都说要做出成绩来，都想扛炸药包上，上了以后都有好处，才使公司这个队伍朝气蓬勃。所以，我们要加快干部选拔和流动，避免地方主义保护、避免烟囱。"

2013 年，华为的一个重要组织——"片联"成立。（注：华为的片联是什么机构？所谓片联，指的是华为的片区联席会议。根据华为的定义，它是代表公司协调和监督权力以及干部管理的特派员机构，是全球区域战略制定的组织者和执行的监督者，也是区域平台建设与组织运营的管理者。）

任正非为片联的职责定了位，那就是主管干部的循环流动。任正非在片联成立大会上这样讲道："片联主管干部的循环流动，是个新生事物，任何人都无法准确地规划清楚，因此，边走边看，边干边完善。它不是一级串联组织，乱一些但不影响公司的流程运行；它在流程外，并联于流程运作，激活流程的流动。我这个人从来不追求完美，先存在，后完美！

"片联的人都是老资格，绝大多数做过地区部总裁。什么叫老资格？就是有威望。相信现在二十几岁的小毛孩，有比我们这些老头聪明的，我们为什么不选最聪明的小毛孩到片联来当头呢？他当不了。技术没生命，你聪明就能玩；但是人这个东西，你聪明也玩不起来，还得要有资历、有经验。

"片联是华为公司很重要的一个组织，这个组织就是要推动干部的循环流动。我跟胡厚崑（华为副董事长）聊天时谈到干部成长，他说我们干部的成长都有个缺点，都是从基层打上来的，眼睛容易盯着下面，喜欢抓具体事，一抓天上的事，就感到失落、感到没权，现在的片联就是这个感觉。我们认为片联在这个历史时期要做出历史性的贡献。

"片联要担负起历史的重任，加强干部'之'字形成长制度建设，坚持从成功实践中选拔优秀干部，破除地方主义，破除部门利益。这些年人才流动不了的一个原因就是地方主义，部门利益的阻挠。这种文化让机关和现场脱节，若形成两个阶级，华为公司迟早就分裂了，公司的前途也耽误了。破除板结就一定要加强干部流动，这是重要的任务，片联在这个历史时期要担负起这个任务来。"

任正非说，干部和人才不流动就会出现板结，会让机关和现场脱节，如果形成阶级，华为迟早会分裂。所以他一直强调干部和人才的流动，并要求片联不拘一格地从有成功实践经验的人中选拔优秀专家及干部，推动优秀的、有视野的、意志坚强的、品格好的干部走向"之"字形成长的道路，培养大量的将帅团队。

随着公司的发展，华为的岗位轮换制日益成熟起来，它促使员工和干部掌握多种技能，以适应环境的变化；同时避免了因在某一岗位任职时间太长，从而形成官僚主义、利益圈等弊病。

俗语说"铁打的营盘流水的兵"，但如果让员工在企业内部流动，这句话就可以反过来说成"流水兵铸就铁打营盘"了。

第五节 不上市

工作两年至三年，就具备配股分红资格。根据华为 2010 年业绩，每股分红 2.98 元，如果一个老员工持 50 万股，他将在年底拿到分红 100 多万元。2011 年 1 月，华为宣布 2010 年虚拟受限股每股分红预计人民币 2.98 元，全部为现金分红，相较 2009 年每股现金分红 1.6 元，增值接近一倍。甚至有人表示，"很多华为员工可以用分红买辆奔驰或者宝马"。

一旦华为停止成长或关门，员工将损失惨重，所以华为能万众一心，蓬勃向上，企业的执行力特别强，因为员工都是在为自己工作。同时，尝到了高分红比例的不少员工每年都想方设法多挣一些股票，唯一的办法就是多给公司创造价值。任正非自己只占华为 1% 的股份，其余为高管和员工拥有。

目前，华为 15 万员工中有 7 万人拥有华为的股票。由于高薪和股份化，给员工高额待遇，在华为的核心价值观里，这就是"以奋斗者为本"。为什么华为不上市？华为不上市，在此可以得到解释了。第一，股权太分散。按照相关法规，非上市股份有限公司股东人数不得超过 200 人，而华为股东超过了 7 万人。第二，任正非占股比例太小，上市之后肯定会失去对公司的控制权，而华为又离不开任正非。第三，如果华为上市，就会产生成千上万个千万或亿万富翁，绑上黄金的雄鹰还能在天空翱翔吗？上市暴富与华为"长期坚持艰苦奋斗"的核心价值观，完全背道而驰。第四，股东对上市公司季报年报的短期财务指标要求，与华为"以 10 年为单位规划未来"的市场运作模式相悖（这是华为战胜许多国际巨头的重要原因）。第五，华为最不缺的就是钱。就算华为缺钱，它会把这个机会抛给价值链上的合作伙伴。

任正非道出了全球 IT 行业最残酷的定律：与其他业相比较，这一行业过去与未来所展示的是一场死亡竞赛：大家都在拼命地追赶，但赢者一定是死得最晚的那一个。怎样才能避免早死？唯有奋斗。怎样才能激发奋斗者？拥有合理并优异的人力资源机制。

"小富快跑，暴富跌倒。"不管是中国的还是西方的很多同行业公司，上市前生气勃勃，上市后要不了两年，公司就开始了组织动荡，"暴富"起来的个人要不变得不求进取，要不被竞争对手挖角，更严重的是卖掉股票后，从公司挖一批人才，自立山头，成为公司的竞争者，甚至可怕的敌对者。很显然，这是一种有重大缺陷的人力资源管理制度。

"不上市，就可能称霸世界！"任正非私底下这么说。这句话至少包含两层意思：一是团队的战斗精神。过多的"馅饼"会腐蚀一个人、一个组织的活力，会败坏团队的"精气神"，这是最可怕的"肌体坏死症"。二是不上市，有国际业界标准的薪酬待遇，每年还有分红，"既对团队有利益的吸引，同时又可保持斗志"，这一点至少在华为实现了成功的平衡。

著名的国际电信巨头加拿大北电为什么衰落得这么快？就是因为一大帮坐拥亿万美金的富翁讨论公司的生死存亡，散散淡淡地没有紧迫感。所以北电错过多次转型自救的机会。

任正非：华为员工分三类

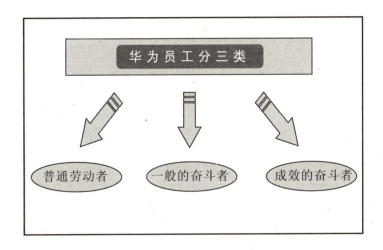

我对人力资源对象的政策理解分成三类：

第一类，为普通劳动者，暂时定义为12级及以下为普通劳动者。

这些人应该按法律相关的报酬条款，保护他们的利益，并根据公司经营情况，给他们稍微好一点的报酬。这是对普通劳动者的关怀。

第二类，一般的奋斗者，我们要允许一部分人不是积极的奋斗者，他们想小家庭多温暖啊，想每天按时回家点上蜡烛吃饭呀，对这种人可以给予理解，也是人的正常需要。

刚好我们就有一个小岗位在这个地方，那他可以坐上这个位置，踏踏实实做好小职员。对于这一部分人，我们有适合你的岗位可以给你安排，如果没有适合的岗位，他可以到社会上去寻求。只要他们输出贡献，大于支付给他们的成本，他们就可以在公司存在。或许他的报酬甚至比社会稍微高一点。

第三类，就是有成效的奋斗者，他们要分享公司的剩余价值，我们需要这些人。分享剩余价值的方式，就是奖金与股票。这些人是我们事业的中坚，我们渴望越来越多的人走进这个队伍。

我们处在一个竞争很激烈的市场，又没有什么特殊的资源与权利，不奋斗就会衰落，衰落后连一般的劳动者也保护不了。我们强调要按贡献拿待遇，也是基于这种居安思危。我们从来不强调按工龄拿待遇。经常看到调薪的时候有人说：'这个人好几年没涨了，要涨一点工资。'为什么？这几年他的劳动质量是否进步了？他的贡献是不是真大了？如果没有，为什么要涨工资？我们有的岗位的职级为什么不封顶呢？要封顶。有的岗位的贡献没有变化，员工的报酬不能随工龄而上升。我们强调按贡献拿待遇，只要你贡献没有增大，就不应该多拿。我们公司把股票分给了员工，大家不仅获得了自己劳动的报酬，甚至还获得了资本增值的报酬，这种报酬比较多，对公司的影响就比较大。有人就因此惰怠。

要防止在奋斗者这个层面也产生惰怠者。我们各级团队对优秀的奋斗者的评价，不要跟着感觉走，判断这人是不是奋斗者，是不是有贡献，是依据他的表现，而不是依据公司的条文。他的股票的总数应根据各级管理团队的评价，来确定它是否排在合适的队列位置，而不是迁就资历。

三类人三种待遇。我们有些主管拿着僵化的文件比对，有的人奋斗得很好，但条款上不符合，他们就机械地把人狠狠地打击一下，这样打击是错的。

这伤了我们的心，我们是渴望那些拿着高薪冲锋有使命感的人，我喜欢这些人。

因此文件的条款是严格的，但执行中要灵活授权，各个部门认为对具体某一个人不合理，你们就可以不执行公司的文件，你们要敢于为那些有缺点的优秀奋斗者说话。我今天要解释的问题就是说这些文件的条条框框与部门主管判断这个人是否是奋斗者发生冲突时，我们认为还是以你们部门说了算，我们这个文件导向是告诉大家以后的方向。

要在公司价值观和导向指引下，基于政策和制度，各级管理团队应实事求是，非僵化地执行、落实和操作，并对执行结果承担责任。同时通过这样的过程，不断优化我们的政策。

烧不死的鸟是凤凰

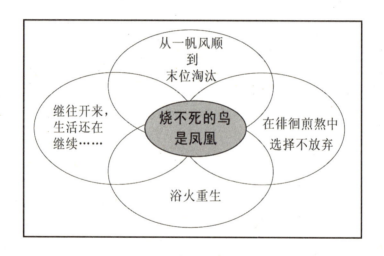

　　一位在公司曾经一帆风顺的干部，2010年在东南非地区部被末位淘汰，后来选择到埃塞俄比亚迎接挑战，再次奋斗，对"烧不死的鸟是凤凰"有了刻骨铭心的体会。

从一帆风顺到末位淘汰

　　2001年，我以网优工程师的身份加入华为，2002年至 2004年在国内办事处工作，以优异业绩经历了网规网优经理、服务经理到客户经理的跨越。2005年3月，我主动申请到刚果(金)拓展市场，在"机会"加"努力"的作用下，又完成了从客户经理、系统部主任到销售副代表的转身。刚果(金)六年的工作和生活，我伴随着公司的高速发展而成长，在不断突破海外市场的同时，也不断犯错、改正、总结经验和教训。在刚果(金)，我经受了战乱的考验，还收获了自己的小家庭，算是"成家立业"了。

2010年年底，我的两位老领导、时任地区部两位副总裁跟我沟通：我被干部末位淘汰了。平时都是我跟系统部主任们在沟通，并给他们鼓励，现在看来真是天大的讽刺！——一个被淘汰的人，居然还在"培养"别人。太丢脸了！

而这个时期，家庭矛盾也正困扰着我，我甚至开始心灰意冷，觉得我的人生太失败了，一度有了离职的念头。

在徘徊煎熬中选择不放弃

我独自一人在河边走着，不断问自己：为什么是这个结果？以后怎么办……

虽然没有想清楚，但是，我并不服气！当我还浑浑噩噩沉浸在痛苦中时，老领导给我打来电话，让我去一趟埃塞俄比亚。埃塞俄比亚是公司级重点竞争市场，长期被友商独家垄断。难道是有新任务？

我不能让别人瞧不起，而且，我不能给一起奋斗的这么多兄弟姐妹树立负面的导向。这是个机会，是再次证明自己，再次爬起来的机会，我一定要抓住。没有更多思考，我答应了领导的要求，一周内赶到了埃塞俄比亚，开始新的战斗。一旦想清楚了，我决不犹豫。

必须要感谢一下我的妻子！她在我最艰难的时候，放下对我的不满和抱怨，毅然支持我再次迎接挑战，并很快带着两岁多大的女儿来埃塞俄比亚跟我团聚，避免了我无限的牵挂和思念。

浴火重生

在埃塞俄比亚，我投入了全身心的力量，并以更严格的标准要求自己。我的个人目标是：总结过往的教训和经验，务必拿下埃塞俄比亚市场，再次证明自己。

跟埃塞俄比亚最初的 6 个常驻兄弟一起，我们面对的是友商死死封闭了整整 4 年的独家电信市场，虽然当地政府曾表示"我们是欢迎华为的"。

没有退路，我们迎难而上。在重大项目部领导、北非地区部和埃塞俄比亚代表处的指导下，我承担起项目团队的日常组织和具体项目运作，以及部分核心客户关系。我跟代表处的领导和兄弟们一起，开始全面梳理客户关系、分析竞争对手情况，发掘各种可能的机会点。在友商压制下，《潜伏》和《亮剑》被我们一遍又一遍地学习，我们活得越发精神。

功夫不负有心人。2011 年 8 月初，任总访问埃塞俄比亚，受到鼓舞的我们把一线工作推向全面拓展的高潮。

交付的兄弟们很给力：不仅保证了我司在网设备的服务水平总体领先友商的好口碑，专业化的服务和解决方案也得到客户的广泛认可；

产品部的兄弟们很给力：我们每递出去的一份技术材料，都打到客户的心坎里；

客户线的兄弟人手有限：于是我们全员皆兵，并充分发挥本地核心骨干员工的能量，所有人都领回相应的客户关系任务，客户关系拓展工作形成你追我赶、百舸争流的局面；

代表处的领导很给力：亲自抓住高层核心客户关系，并广泛传递客户关系技能；

地区部的领导很给力：总裁和几个副总裁三天两头来埃塞俄比亚现场支持项目、拜访高层客户。

在大家的齐心协力、共同努力之下，我们全面完成了公司交给的目标，还获得了更大的市场份额。

继往开来，生活还在继续……

埃塞俄比亚的竞争激烈程度，跟刚果(金)市场不可同日而语。也正是这种激烈的竞争，激发了我的斗志，也重新激活了我自己：绝大部分时间，我都是跟项目组同事一起在客户那里度过，或者在办公室度过。我们不断反复研究客户关系，分析对手信息，并制定竞争策略，拓展客户关系。

在埃塞俄比亚，我也不断反思自己：在刚果代(金)表处 6 年，太久了，环境太熟悉了，于是我慢慢产生了惰性。作为销售副代表，没能抓住当时代表处缺少订货的主要矛盾，导致目标没能完成。在哪里跌倒就要在哪里爬起来！埃塞俄比亚工作期间，我的目标感越来越强，公司交给我的重大项目和关键任务，都能够顺利完成。

我在刚果(金)代表处的组织运作和经营管理的经验，在埃塞俄比亚代表处组建过程中找到了用武之地。在 2012 年初的北非地区部市场大会期间，我还把我的这些经营管理经验和模板带到地区部，得到地区部总裁、CFO 等主管的认可。埃塞俄比亚新人多，大多没有做过大规模的项目，我就跟代表处领导一起，把客户关系和项目运作的经验在日常工作中例行传承和学习，重点员工言传身教。

在新的竞争形势下，我们还针对性地组织了红蓝军对抗、模拟演练等工作，以提高实战的成功率。在代表处组织的辩论、主管经验分享等多种能力提升活动中，我和大多数同事一样，都积极参与，学习了不少知识。

时间过得真快，转眼 2 年就要过去了，埃塞俄比亚的工作和生活场景，如放电影般在脑海闪过：

还记得，在拓展低谷期间，几个领导一拍即合，召集大家去爬 Entoto 山。从海拔 2300 米到 3500 米之间，我们唱起高亢的歌，重振旗鼓；在山顶，我们指点着首都亚的斯亚贝巴的高楼绿地，要把我们最先进的基站放到这里、那里，大有"会当凌绝顶，一览众山小"的豪迈……

还记得，项目组熬了不知道多少个通宵，终于把几十箱标书装上 8 辆中巴车，在开道车和断后车辆的保护下，前前后后十几辆车，招摇地打开双闪灯，浩浩荡荡开往客户总部大楼。路上的埃塞俄比亚人看到车头鲜艳的华为标记，竖起了大拇指……

也还记得，领导或严厉或温和地指出我这样那样的不足和毛病时，自己内心是多么的惭愧和自责……

当然也还记得，肖师傅和大隋在楼顶的烤羊肉，那是埃塞俄比亚一绝；还记得每周六我们的足球队在 Entoto 山上的高原足球赛；还记得埃塞俄比亚航空漂亮热情的埃塞俄比亚妹子……

由于工作调整，如今我离开了项目组，离开了我曾经生死拼搏的、心爱的兄弟姐妹们，心中是多么的不舍！不过，生活还在继续，公司还会不断发展和壮大，我也还需要不断学习和提高。

在这个宁静的夜晚，我泡上一杯 TOMACO 咖啡，好好品味一下那句华为人说过很多遍的话：烧不死的鸟是凤凰！

（本文摘自《烧不死的鸟是凤凰》，作者：尹玉昆，来源：《华为人》第 258 期）

华为内部反思十大内耗

当企业发展到一定时期时，会不可避免地沾染上"大公司病"。电信制造领域巨头华为也不例外，这是华为一位底层员工在 2010年所写的华为的十大内耗。在过去的四年里，创始人任正非提出华为狼性文化的背后，还要有勇于追赶的乌龟精神和管理组织上的眼镜蛇特质，以此激活华为人的斗志，规避"大公司病"。

四年过去了，华为今日的成绩证明了任正非是多么富有远见。今天我们再次重温这十大内耗，是因为它像一面镜子，能照出公司的管理问题，对当下传统企业转型仍具有十分重大的意义。知耻而后勇，知不足而奋进，敢于面对，勇于变革，才有新生！

和很多中基层优秀人才交流，面对复杂低效的现状，大家普遍有种无力感。本人和华为各阶层，下至贩夫走卒，上至皇亲贵胄都有着广泛的接触，也经历过很多领域和业务，相信视角也并非只是管中窥豹。同时也希望下文不至于引起普遍的反感，或者带来"不能生鸡蛋，凭什么评价鸡蛋"之类的指责。

无比厚重的部门墙

一般产品出了问题，我们都是互相推卸责任，经常最后发现谁的责任都不是。要么是客户没操作好，要么是环境不匹配。通信产品非常复杂，结合部模糊地带也很多，推卸掉责任还是很容易的。

还有就是内部协调起来特别困难，如果不是自己牵头或者自己部门牵头负责的项目，很难调动得了资源。我们很多主管一般都只提倡自己部门内部相互协作，希望协作中能给自己组织带来好绩效，当自己部门要协作外部门时，就开始推三阻四了。

这种自私的假协作最终带来内外都不协作。所以整个华为都在做布朗运动，这种运动对大企业来说是灾难性的。

肛泰式（膏药式）管控体系

先看些常见的现象：上级说减少会议，于是有用没用的会议都不让开了。领导说转测试三次不通过开发代表下岗，于是再也没有转测试不通过的了。发文说质量和进度冲突时质量要第一，于是就有人在项目可以结束了还故意拖几天，这样就显得更重视质量了。

当出现这些做假现象时，上级一般都认为是因为大家能力太差，监控措施不到位，反正都是员工的错，都是别人的错。于是为了避免做假，又设定更复杂的管控措施，增加复杂的监控组织。

于是组织越来越复杂，干活的越来越少，效率越来越低下。退一万步说就算真是员工能力不行，也应该设计适配员工能力的组织管理方式，或者对员工进行培养，应该通过疏而不是堵的方式解决问题。

我们依然停留在 19世纪的管理模式中，总希望通过条条框框这种表象的东西解决系统问题，试图把管理简单化、表面化。对于复杂知识型劳动，贴膏药式管控管理是解决不了问题的，因为背后的自由度太大了，太复杂了。

真正合理的方法：一是搭建平台激发员工；二是建立针对组织级的健康审视，一种对管理和氛围的促进方法，而不是现在对一些容易被欺骗的指标的审视。

不尊重员工的以自我为中心

世界级企业以员工为本，他们把企业的发展和员工的发展统一起来。他们懂得，企业的持续发展体现为员工能力的持续，所以他们特别强调所谓的预期管理，即通过投资员工的未来，公司获得自己的未来。

我们的企业存在的问题就是只注重短期效果，注重人的短期业绩而不太注重能力的发展。管理者和员工之间的关系大多是典型的"绩效导向"，就是"你给我赚更多的钱，我就给你发更多的钱"，"你不给我赚钱，你就可以走人了"。

其实华为作为民营企业的翘楚，是具有吸引大家的先天优势的，一大批厌恶国家垄断型研究体系、厌恶外企的优秀人才，对华为充满了热爱，也有很多人抛弃高福利低劳动强度的垄断企业和研究所来到热情洋溢的华为。

所以只要我们能按部就班地做，虚心真诚地对待大家，是可以留住很多人才的。但我们在人才的管理上落后别人一个时代，当大家都在为尊重人、激发人、培养人努力奋斗时，我们还在把员工当敌人看，当机器管。

"视上为爹"的官僚主义

我们经常看到，为了完成给上级的一个汇报胶片，一大帮人持续钻研两三个月，胶片改了二十几个版本，一张照片要翻来覆去地考量。为了满足上级的一次参观，把本来做实验用的地方用来做展台，购买大量不增值的东西。真是为了博"妃子"一笑，不惜大动干戈。

令人作呕的马屁文化

凡是领导说的都是正确的，凡是领导支持的大家都需要支持。无人愿意去忤逆领导的意愿，无人愿意和领导深入讨论问题，上上下下一片祥和之声，敢于直言的更是寥若晨星。

历年的成功也强化了这种颂扬和靡靡之音。这些"正确"和"成功"最后就导致不可收场，十分难堪。马屁文化一方面来源于上行下效，一方面也来源于过于刚性的执行力。大树底下寸草不生，大树虽然多次表示征言纳贤，也只不过象征性表示下罢了。

马屁文化导致机体缺乏自我免疫机能，从上到下都是一条裤子，当裤子非常完美时可能还能正确前行。但裤子一旦破了，露出屁股丢人也是难免的，因为没人敢去跟上级说，你的裤子破了，大家都睁一只眼闭一只眼。

权利和责任割裂的业务设计

当你把业务部门和开发部门割裂开来的时候，很容易带来前后方的冲突。开发部门负责提供炮弹，负责质量问题，承担的是责任；业务部门有开疆破土，呼唤炮火的权利，却不承担后面对资源负责的责任。

这导致业务部门只会大量地去提需求，最后导致开发部门累得要死。

因为这里缺乏一个真正的责权一体的组织，缺乏一个能平衡前方和后方的真正责任人，或者说业务部门的责权分离导致了这个结果。

如果有个责任人，自己能去平衡需求和后端的资源，他自然会去考虑如何才能使资源利用最大化，自然会在需求和价值间平衡。我们现在的业务设计就比较混乱，业务和开发抢权，项目和资源抢权，缺乏一个真正的契约化客户化组织，必然导致一笔大糊涂账。

集权而低效的组织设计

有客户反馈，华为响应及时性比以前欠缺，及时性慢。有客户抱怨，华为内部流程僵化，过于教条，没有以前灵活。还有客户问，你们能帮忙把这个电缆换了么，我们回答是当然可以，不过需要在七个月以后。以前都是内部员工在喊，现在外面的声音也逐步强大起来了。

世界 500 强为了避免类似的组织累赘，往往会采用事业部形式，就是把组织分成若干个小组织，让小组织自己承担盈亏。通过完整团队的运作，进行短链条的管理和交付。

我们则执行的是长链条的管理和交付，市场和开发属于不同的体系，市场不把开发当人，开发则觉得市场没技术，出了问题就互相推诿。有时为了完成产品的某个牵涉大特征的优化，大体系的纠葛十分严重，直接导致效率十分低下，简直令人惊诧。

挂在墙上的核心价值观

IBM顾问说，核心价值观不是写在墙上的口号，而是一种提倡并能获得认可的行为，比如协同创新等。只有做了这些工作的人获得认可，这种行为才会广泛流传。就是说核心价值观要有反馈机制，要有利益牵引。

我们一方面号召大家要实践核心价值观，一方面缺乏有效的动作和价值支撑，最后导致流于形式。

比如团结进取等，虽然每次 PBC沟通都会拿出来晾晾，但缺乏有效的解读和利益的支撑，加上局部化利益的考核导向，也使这一切流于形式，非但没能促进企业进步，还浪费了公司的人力物力。大企业的竞争靠价值观，我们这价值观显然是没什么竞争力的。

言必称马列的教条主义

我们在汇报材料或宣讲时，口头禅都是 IBM如何、爱立信如何，或者某领导如何。领导看到大家材料也是问这是不是书上写的，有什么出处没，从来不会问我们是怎么样的。

大家觉得只要是进口的就是优秀的，只要是书上的就是可以应用的。这一方面说明大家过分迷信洋人，一方面说明自己心里没底，或者说对组织什么都不懂，只能生搬硬套。

夜郎自大的阿 Q 精神

一切都是在变化的，彼时的成功不能证明此时的成功，更不能证明未来的成功。如果曾经成功过就一直成功，大清朝的辫子军也会源远流长。

大家不去寻找成功的真正原因，辨析哪些才是我们的真正竞争力，躺在各种原因带来的历史功劳簿上，叼着大烟，幻想着自己未来的美好生活，十分荒唐。当我们在快速发展时，很多矛盾都被掩盖了，一旦增速下降甚至减速，矛盾很容易就激化了。

或许，华为需要一场大的挫折，否则永远不可能有进步的勇气和发自内心的改善。或者说华为一场大的挫折是无可避免的，因为无人能阻止这个巨大的惯性。

（本文摘编自《华为内部反思十大内耗，别说你的公司没有！》，作者：五斗米，来源：创业部，2015.1）

第五章

选人标准

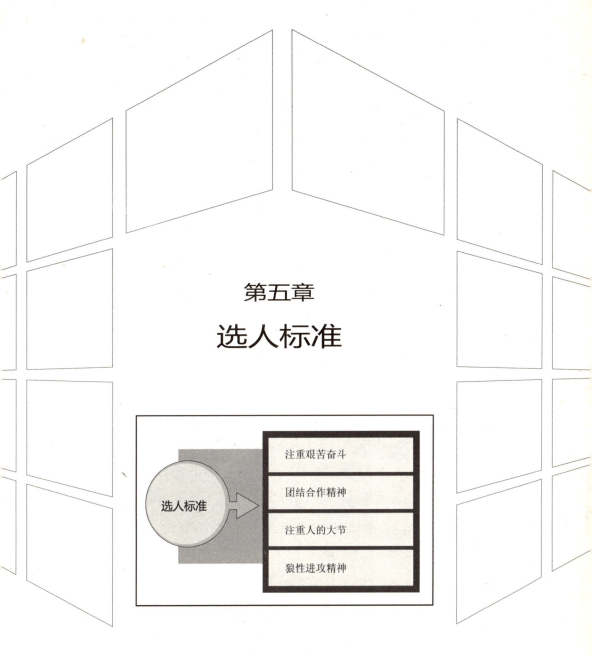

注重艰苦奋斗

团结合作精神

注重人的大节

狼性进攻精神

选人标准

第一节　注重艰苦奋斗

李小文院士又一次"红"遍网络，同时也随着报纸被更多不上微博的人们了解。华为公司在国内主要报纸上刊登了一则广告，只有一张照片和两行文字，照片就是李小文院士光脚穿布鞋坐在讲台后的那张，两行文字是这么写的："华为坚持什么精神？就是真心向李小文学习。"

为什么要向李小文院士学习？华为公司如此阐述：李小文搞科研，从来不惧怕外国权威，敢于与同行争论。李小文身上的那点纯粹，正是大多数俗人所不具备的。对科学家来说，纯粹是牛顿头上的那个苹果。日之所思、梦之所萦，都是自己上下求索的问题。这正是华为要认认真真向李小文学习的原因。"在大机会时代，千万不要机会主义。"

任正非表示："我们为什么做了'李小文'广告，其实我们很多员工都不听我们的，包括高级干部，他们常常不看公司的文件夹，而是从互联网上吸取能量。所以做这个广告也是给员工看的。目的还是希望华为继续踏踏实实地做事，坚持艰苦奋斗精神。"

对华为来说，其"灵魂"就是艰苦奋斗。华为总在适应变化，但华为也从来未停止过用"艰苦奋斗"这个基础价值观同化一代又一代的华为人：从 20 世纪的"传统知识工作者"胡厚崑、徐直军、郭平那一代，到 21 世纪初以来的互联网、全球化文化滋养下的"80 后"一代"网络人"，应该说过往的两个 12 年，华为的"初始逻辑"与"成长逻辑"一脉相承，从而保障了华为的成功。

新员工进入华为，第一眼看到的、处处感受到的是华为的艰苦奋斗。一些人对此感到不理解：华为为什么要艰苦奋斗？回答这个问题涉及另一个根本的问题，那就是：华为为什么能活到今天？华为将来靠什么活下去？

"艰苦奋斗是华为文化的魂，是华为文化的主旋律，我们任何时候都不能因为外界的误解或质疑动摇我们的奋斗文化，我们任何时候都不能因为华为的发展壮大而丢掉了我们的根本——艰苦奋斗。"

"华为没有背景，也不拥有任何稀缺的资源，更没有什么可依赖的，除了励精图治、开放心胸、自力更生，我们还有什么呢？最多再加一个艰苦奋斗，来缩短与竞争对手的差距。公司高层管理团队和全体员工的共同付出和艰苦奋斗，铸就了今天的华为。"

对于华为人的奋斗精神，任正非曾在自己的文章中描绘得淋漓尽致。任正非写道："我们有员工在高原缺氧地带工作，爬雪山，越丛林，徒步行走了八天，为服务客户无怨无悔；有员工在国外遭歹徒袭击，头上缝了三十多针，康复后又投入工作；有员工在飞机失事中幸存，惊魂未定还救助他人，赢得了当地政府和人民的尊敬；也有员工在恐怖爆炸中受伤，或几度患疟疾，康复后继续坚守岗位；我们还有三名年轻的非洲籍优秀员工在出差途中飞机失事不幸罹难，永远地离开了我们……二十年的历程，二十年的国际化，伴随着汗水、泪水、艰辛、坎坷和牺牲。"

如今，华为已经成为全球最大的通信设备供应商之一，在世界的舞台上，也能够与思科等国际老品牌分享"半壁江山"。

虽然在很多人看来，华为已经是成功的中国企业的代表，但任正非认为："艰苦奋斗必然带来繁荣，繁荣后不再艰苦奋斗，必然失去繁荣。"任正非表示："华为走到今天，在很多人眼里看来已经很大了、成功了。有人认为创业时期形成的'垫子文化'、奋斗文化已经不合适了，可以放松一些，可以按部就班，这是危险的。繁荣的背后，都充满危机，这个危机不是繁荣本身必然的特性，而是处在繁荣包围中的人的意识。艰苦奋斗必然带来繁荣，繁荣后不再艰苦奋斗，必然丢失繁荣。'千古兴亡多少事，不尽长江滚滚来'，历史是一面镜子，它给了我们多么深刻的启示。我们还必须长期坚持艰苦奋斗，否则就会走向消亡。当然，奋斗更重要的是思想上的艰苦奋斗，时刻保持危机感，面对成绩保持清醒头脑，不骄不躁。在这关键时刻，我们不能分心，不能动摇甚至背弃自己的根本，无论现在还是将来，我们除了艰苦奋斗还是艰苦奋斗。"

任正非认为，"我们腐败最主要的表现就是惰怠。"2010年，任正非在文章《对"三个胜利原则"的简单解释》中这样说道："不要以为挣到钱了，舒服了，就可以惰怠了。我们腐败最主要的表现就是惰怠，挣了钱不想好好干活，是惰怠！小富即安，安于现状，不思进取，就是惰怠！曲意逢迎，欺上瞒下，拉帮结派，也是惰怠！今年可能会分钱很多，人力资源系统给我一个报告，他们非常担心。挣钱越多，越是公司最危险的历史时期，为什么呢？因为人会因此而惰怠。唯一阻止公司发展的就是内部腐败，这个腐败就是惰怠。因此，要加快管理干部的末位淘汰，来增加中层干部的危机感和压力。高层干部也一样，因为高层干部是公司直接选拔，公司看得见的，你后退了，就要你下去的。因此在这个历史进程中，公司的车轮滚滚往前走，我们决不会停息的，停息就意味着后退，停息实际上就是走向死亡。"

华为引入了西方的职业经理人，他们在面对华为管理团队时如何适应华为的强势或者奋斗者文化？任正非的回答是："我们现在有四万外籍员工，但是适应较好的大多数是科学家。因为科学家不太管人际关系。最难的是管理者，一进来就被架空了，因为他遇到的都是来自上甘岭的兄弟连，你再厉害，他不听你的，怎么办？这个就很难。所以我们要逐渐改变，如果世界最优秀的人才都进不来，如何能做到世界最优秀的公司呢？"

第二节 团结合作精神

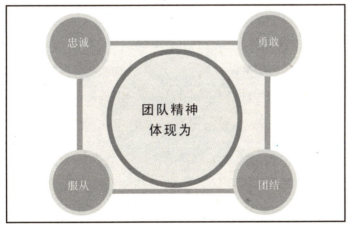

任正非这样教导新员工："华为公司是一个以高技术为起点，着眼于大市场、大系统、大结构的高科技企业。以它的历史使命，它需要所有的员工必须坚持合作，走集体奋斗的道路。没有这样一种平台，你的聪明才智是很难发挥，并有所成就的。因此，没有责任心，不善于合作，不能集体奋斗的人，等于丧失了在华为进步的机会。那样，你就会空耗宝贵的光阴，还不如在试用期中，重新决定你的选择。"

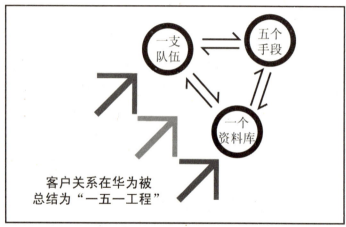

客户关系在华为被
总结为"一五一工程"

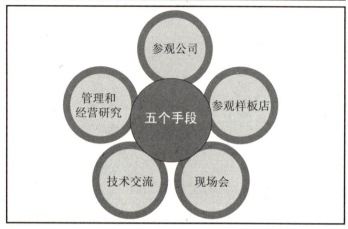

"胜则举杯相庆，败则拼死相救"，当华为还是小公司时，提出了这个口号，如今已经成为华为的精神传承，与企业的艰苦奋斗精神相得益彰——团结起来、共同奋斗，就是华为的目标。作为华为的跨团队文化管理，这个口号一直在强化，目的是希望打破流程中的部门墙，用制度来保证这种精神的延续，要让为全流程做出贡献的人，按贡献分享到成果。所以说，华为的成功，不是一个人的奋斗故事，是由于它拥有一个无私的领导层以及一大群不服输的团队。尽管不能保证人人都能成长都能成功，但是华为确实向每一位员工开放成长成功的机会。

2011 年，华为内部文章中这样指出，"华为文化的真正内核就是群体奋斗。所以你们如果将来想有大作为，一定要加强心理素质训练，要多边、多层次、多方位地沟通，要学会怎么做人。只有学会了做人，你将来才会做事。在关键时刻，你才会胜则举杯相庆，败则拼死相救。"

狼之所以能够在比自己凶猛强壮的动物面前获得最终胜利，原因只有一个：团结。即使再强大的动物恐怕也很难招架一群早已将生死置之度外的狼群的攻击。可以说，华为团队精神的核心就是团结合作。

早期华为前人力资源总裁徐立新曾这样说过："我个人认为（这是）华为做得成功的地方。别人是百年的公司，你怎么 PK 别人？我问英国电信，你可不可以分享你觉得华为跟你们公司差异最大的三点，他说三点不分享了，我分享一点。我说哪一点？团队合作，我们跟你的差别很大，我们的团队合作目标清晰、分工清晰、各司其职。华为的团队合作，直指一个目标，一群人上来打乱仗。

"后来想这话是褒还是贬？在欧洲新员工培训的时候，我给他们说。他们说，这是有道理的，任务不能分清，不知道多少人完成，不知道张三李四做什么，目标只是拿下这个单，能做什么就做什么。只要看到对做成这件事有利，就去做。后来说的无边界活动，就是类似这样的活动。

"当然分工太清楚了，铁路警察各管一段也不是什么好事儿。华为打乱仗有资源的损耗，但是有成功的地方。所以我们市场部有句口号，'胜则举杯相庆，败则拼死相救'。一个项目不是一个人做成的，是很多人做成的，这跟行业特点有关系，一个项目是一个团队拿下来的，不是一个销售人员。有些企业的产品你卖多少就是自己卖的，我们的特点是团队运作的，不是那么容易就能区分清楚的。"

华为在接待客户时的表现就很好地体现了它的这种"群狼"团队精神。客户关系在华为被总结为"一五一工程"，即一支队伍、五个手段、一个资料库，其中五个手段是"参观公司、参观样板店、现场会、技术交流、管理和经营研究"。在华为，对客户的服务是一个系统，几乎所有的部门都必须参与进来。在这种团队精神的带动下，华为每次都能又快又好地完成一整套客户服务流程。

团队精神，在华为体现为"忠诚，勇敢，团结，服从"。有这样一段关于华为的文字，它将华为的团队精神所包含的对高度协作的不断追求做出了明确的阐述——"他们的营销能力很难超越。人们刚开始会觉得华为人的素质比较高，但对手们换了一批素质同样很高的人，发现还是很难战胜。最后大家明白过来，与他们过招的，远不止是前沿阵地上的几个冲锋队员，这些人的背后是一个强大的后援团队，他们有的负责技术方案设计，有的负责外围关系拓展，有的甚至已经打入了竞争对手内部。一旦前方需要，马上就会有人来增援。华为通过这种看似不很高明的'群狼'战术，将各国列强苦心经营的领地冲得七零八落，并采用蚕食策略，从一个区域市场、一个产品入手，逐渐将他们逐出中国市场。"

第三节　注重人的大节

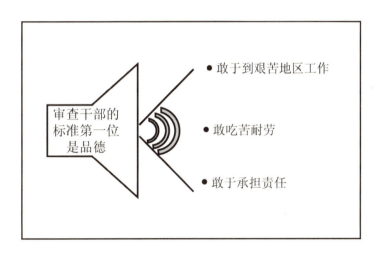

1998年，华为管理层内部文章《以做实为中心迎接大发展》中这样强调："提拔干部要看政治品德。真正看清政治品德是很难的，但先看这人说不说小话，搬不搬弄是非，是不是背后随意议论人，这是容易看清的。（说小话、搬弄是非、背后随意议论人）这种人是小人，是小人的人政治品德一定不好，一定要防止这些人进入我们的干部队伍。茶余饭后，议论别人，尽管是事实，也说明议论者政治不严肃，不严肃的人怎可以当干部。如果议论的内容不是事实，议论者本人就是小人。"

任正非在文章《华为的红旗到底能打多久》中再次强调选人要注重德。"对人的选拔，德非常重要。要让千里马跑起来，先给予充分信任，在跑的过程中进行指导、修正。从中层到高层品德是第一位的，从基层到中层才能是第一位的，选拔人的标准是变化的，在选拔人才中重视长远战略性建设。"

在华为，选拔中高层干部过程中，要求把干部个人品德看得高于一切，遵守纪律，有高的道德情操，忠于公司、忠于集体利益才是我们选拔的重要基础，而不能唯才是举任正非表示，不光老实是品德。任正非在 2004 年三季度国内营销工作会议上这样讲道："审查干部的标准第一位是品德，敢于到艰苦地区工作、敢吃苦耐劳、敢于承担责任等也是品德的一部分，不光老实是品德，品德的含义是广泛的，优先要选择品德好的人做我们的干部。历史上太平盛世时期的变法大多数都失败了，特别是王安石，他选拔的干部大都是投机、吃里爬外的干部，后来就是这些干部埋葬了他的变法。所以我们在太平盛世主要要选择品德好的人上岗，才能保证公司的长治久安。"

在华为后备队选拔时，品德和干劲作为一票否决；在华为大学培训和平时培养中，以技能和素质为主，品德贯穿始终。

2011 年，任正非强调："行政管理团队主要是管人，心理素质不好的人和生活作风有欠缺的人，都不要进入行政管理团队，他们可以做普通管理干部或业务专家。"

第四节 狼性进攻精神

"'进攻是最好的防御',是指进攻自己,逼自己改进,从而产生更大优势。"任正非如是说。

华为特殊的狼性精神实质就在于追求卓越的进攻精神,这是华为"狼性"的核心。因为在目前的这些中国企业里,能够做到迅速抓住商机和群体团结奋斗的不在少数,但是能够像华为这样富于进攻精神的却十分少见。从华为的各种表现中,可以很明显地感受到这种精神存在的强大影响力。华为的成功所依靠的是追求卓越、脚踏实地的进攻精神,这种精神使得它步步为营,从点滴处入手,逐个打败竞争对手。

华为就是用实际行动瞄准业界最佳,向朗讯、贝尔实验室、西门子、阿尔卡特、爱立信、诺基亚靠拢,努力在跟随中赶超。根据发展现状,华为制定了一个将电话交换机与接入网产品达到世界级领先水平的计划,通过完成这个计划,华为跻身第一流的窄带通信设备供应商行列。华为全方位的进攻精神已经渗进其经营和管理的各个方面,华为的人海战术就是华为文化中全方位进攻战略的一个突出表现。这种人海式的营销方式使得人们几乎能够在任何可能存在业务的地方看到华为营销人员的身影。

任正非曾在文章中指出华为公司在选拔企业管理者时,首要的是进取精神与敬业精神。他认为:合格的管理者需要具备强烈的进取精神与敬业精神,没有干劲的人是没有资格进入领导层的。这里不仅仅是指个人的进取精神，而是自己所领导群体的进取与敬业精神。

华为早期的海外拓展，基本都是从一穷二白起步。怀着理想，手提长矛就出发了，凭着无畏的进取精神，一直拼搏到今天。

华为在进入欧洲市场时，高层专程赴欧洲拜访沃达丰集团的时候就当场表示："华为的无线产品经得起任何考验！"一个从东方神秘国度走出来的公司，这样的承诺让客户吃惊："不会是吹牛吧？"沃达丰集团CTO将信将疑："那就把华为的产品放到最严格的德国来进行测试。"

为了这个测试，华为进行了几个月的准备，但德国子网因为各种各样的原因坚决抵制华为在德国测试，数月努力，换来的还是"不可能"，华为团队心里充满了强烈的挫折感。尽管经过辗转努力，华为在西班牙争取到测试的机会，但当地客户还是说："你们在这里做测试可以，但不可能有真正进入沃达丰西班牙子网的机会。"

然而，华为团队却像抓住救命稻草一样，奋力拼搏，像做商业网那样做实验局，客户的每一个要求，华为的团队都积极响应。当客户希望看到一个西班牙高铁的覆盖解决方案，仅仅是方案而已，华为人在3个月内就在上海的磁悬浮沿线搭建覆盖，请客户到上海现场体验。

从2005年盛夏到第二年的春天，当华为把实验局做完时，在后续的招标中，客户出人意料地选择华为进入沃达丰西班牙子网，这是沃达丰最大的四个子网之一，也是其全球子网中增长速度最快的一个国家。

这是一次来之不易的机会。客户说："是你们9个月来的表现打动了我们，你们做事的严谨、规范、响应速度，以及团队成员，我们都非常认可。"而此时的华为团队，已是泪眼婆娑——这是一个里程碑式的事件，它标志着华为真正进大国、进大网的市场。

西班牙项目的成功，让沃达丰这家世界级的运营商认识了华为。从那以后，华为逐步获得了沃达丰客户群的多个项目，并连续获得沃达丰颁发的杰出供应商奖。

然而，华为始终无法叩开德国子网的大门。2005 年被德国子网拒绝测试后，2008 年，德国子网再次发出 3G 招标。几轮惨烈的竞争下来，华为挤进了最后三家采购短名单。华为人对这次招标充满了渴望，但最后的结局，客户还是对华为说"NO"，而是选择了另外两家公司帮助其建设 3G 网络。

之后，华为团队去拜访德国子网 CTO，诚恳地说："中国人有一项非常优秀的品质，就是我们有足够的耐力和毅力，无论项目得失。"

2010 年初，金融危机乍寒还暖，德国率先启动 LTE 建设，希望通过国家宽带拉动经济增长，沃达丰德国承担起了这一历史使命。华为敏锐地捕捉到机会，凭借对客户网络的深刻理解，开创性地向客户提出 2G/3G/LTE 三网合一的解决方案。2010 年 7 月，客户终于牵手华为。

任正非：逐步加深理解企业文化

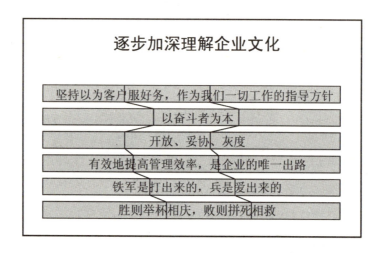

逐步加深理解企业文化

坚持以为客户服好务，作为我们一切工作的指导方针

以奋斗者为本

开放、妥协、灰度

有效地提高管理效率，是企业的唯一出路

铁军是打出来的，兵是爱出来的

胜则举杯相庆，败则拼死相救

20年来，我们在研发、市场、服务、供应、财经管理、监控审计、员工的思想教育等方面均取得了较大的成绩。我们已在全球化竞争中奠定下了基础，我们正在走向提高科学管理能力，提高运行效率，合理降低内部成本，适度改善报酬与考核机制，促进新生的优秀干部快速成长的道路上。但以什么为我们工作的纲，以什么为我们战略调整的方向呢？我们在经历长期艰难曲折的历程中，悟出了"以客户为中心，以奋斗者为本"的文化，这是我们一切工作的魂。我们要深刻地认识它，理解它。

一、坚持以为客户服好务，作为我们一切工作的指导方针

20年来，我们由于生存压力，在工作中自觉不自觉地建立了以客户为中心的价值观。应客户的需求开发一些产品，如接入服务器、商业网、校园网……，因为那时客户需要一些独特的业务来提升他们的竞争力。不以客户需求为中心，他们就不买我们小公司的货，我们就无米下锅，我们被迫接近了真理。但我们并没有真正认识它的重要性，没有认识它是唯一的原则，因而对真理的追求是不坚定的、漂移的。在20世纪90年代的后期，公司摆脱困境后，自我价值开始膨胀，曾以自我为中心过。我们那时常常对客户说，他们应该做什么，不做什么……，我们有什么好东西，你们应该怎么用。例如，在 NGN 的推介过程中，我们曾以自己的技术路标，反复去说服运营商，而听不进运营商的需求，最后导致在中国选型，我们被淘汰出局，连一次试验机会都没得到。历经千难万苦，我们请求以坂田的基地为试验局的要求，都苦苦得不到批准。我们知道我们错了，我们从自我批判中整改，大力倡导"从泥坑中爬起来的人就是圣人"的自我批判文化。我们聚集了优势资源，争分夺秒地追赶。我们赶上来了，现在软交换占世界市场40%，为世界第一。

公司正在迈向新的管理高度，以什么来确定我们的组织、流程、干部的发展方向呢？以什么作为工作成绩的标尺呢？我们要以为客户提供有效服务，来作为我们工作的方向，作为价值评价的标尺，当然是包括了直接价值与间接价值。不能为客户创造价值的部门为多余部门，不能为客户创造价值的流程为多余流程，不能为客户创造价值的人为多余的人，不管他多么辛苦，也许他花在内部公关上的力气也是很大的，但他还是要被精简的。这样我们的组织效率一定会有提高，并直接产生相关员工的利益。因此，各级领导在变

革自己的流程与组织时，要区别哪些是繁琐哲学，哪些是形式主义，哪些是教条，哪些是合理必需。

二、为什么是以奋斗者为本

我们奋斗的目的，主观上是为自己，客观上是为国家、为人民。但主、客观的统一确实是通过为客户服务来实现的。没有为客户服务，主、客观都是空的。当然奋斗者包含了投资者及工作者。

什么叫奋斗，为客户创造价值的任何微小活动，以及在劳动的准备过程（例如上学、学徒……）中，为充实提高自己而作的努力，均叫奋斗，否则，再苦再累也不叫奋斗。企业的目的十分明确，是使自己具有竞争力，能赢得客户的信任，在市场上能存活下来。要为客户服好务，就要选拔优秀的员工，而且这些优秀员工必须要奋斗。要使奋斗可以持续发展，必须使奋斗者得到合理的回报，并保持长期的健康。但是，无限制地拔高奋斗者的利益，就会使内部运作出现高成本，就会被客户抛弃，就会在竞争中落败，最后反而会使奋斗者无家可归。这种不能持续的爱，不是真爱。合理、适度、长久，将是我们人力资源政策的长期方针。我们在家里，都看到妈妈不肯在锅里多放一碗米，宁可看着孩子饥肠辘辘的眼睛。因为要考虑到青黄不接，无米下锅，会危及生命，这样的妈妈就是好妈妈。我们人力资源政策也必须是这样的。有些不会过日子的妈妈，丰收了就大吃大喝，灾荒了就不知如何存活。

以客户为中心，以奋斗者为本是矛盾的两个对立体，它就构成了企业的平衡。难以掌握的灰度、妥协，考验所有的管理者。

三、开放、妥协、灰度

开放、妥协、灰度是华为文化的精髓，也是一个领导者的风范。

一个不开放的文化，就不会努力地吸取别人的优点，逐渐就会被边缘化，是没有出路的。一个不开放的组织，迟早也会成为一潭死水的。我们无论在产品开发上，还是销售服务、供应管理、财务管理等方面，都要开放地吸取别人的好东西，不要故步自封，不要过多地强调自我。创新是站在别人的肩膀上前进的，同时像海绵一样不断吸取别人的优秀成果，而并非是封闭起来的"自主创新"。与中华文化齐名的，古罗马、古巴比伦已经荡然无存了。中华文化之所以活到今天，与其兼收并蓄的包容性是有关的。今天我们所说的中华文化，早已不是原教旨的孔孟文化了，几千年来已被人们不断诠释，早已近代化、现代化了。中华文化也是开放的文化，我们不能自己封闭它。向一切人学习，应该是华为文化的一个特色，华为开放就能永存，不开放就会昙花一现。

我们在前进的路上，随着时间、空间的变化，必要的妥协是重要的。没有宽容就没有妥协；没有妥协，就没有灰度；不能依据不同的时间、空间，掌握一定的灰度，就难有合理审时度势的正确决策。开放、妥协的关键是如何掌握好灰度。

四、有效地提高管理效率，是企业的唯一出路

客户的本能就是选择质量好、服务好、价格低的产品。而这个世界又存在众多竞争对手，我们质量不好，服务不好，就不讨论了，必是死路一条。如果质量好、服务好，但成本比别人高，我们可以忍受以同样的价格卖一段

时间，但不能持久。因为长期这样会使我们消耗殆尽，肝硬化了，如何前进。在互联网时代，技术进步比较容易，而管理进步比较难，难就难在管理的变革，触及的都是人的利益。因此企业间的竞争，说穿了是管理竞争。如果对方是持续不断的管理进步，而我们不改进的话，就必定衰亡了。我们要想在竞争中保持活力，就要在管理上改进，首先要去除不必要的重复劳动；在监控有效的情况下，缩短流程，减少审批环节；要严格地确定流程责任制，充分调动中下层必须承担责任，在职权范围内正确及时决策；把不能承担责任、不敢承担责任的干部，调整到操作岗位上去；把明哲保身或技能不足的干部从管理岗位上换下来；要去除论资排辈，把责任心、能力、品德以及人际沟通能力、团队组织协调能力等作为选拔干部的导向。

五、铁军是打出来的，兵是爱出来的

古往今来凡能打仗的部队，无一例外，都是长官爱惜士兵，不然就不会有士为知己者死。

最近网上曲解了华为的"狼文化"、"床垫文化"。床垫不是文化，文化是可以传承的，床垫只是一个睡午觉的工具，它不能传承。其他公司睡午觉也许不用床垫，因此"床垫文化"没有推广的价值，也不一定需要批判。我们没有提出过"狼文化"，我们最早提出的是一个"狼狈组织计划"，是针对办事处的组织建设的，是从狼与狈的生理行为归纳出来的。狼有敏锐的嗅觉，团队合作的精神，以及不屈不挠的坚持。而狈非常聪明，因为个子小、前腿短，在进攻时是不能独立作战的，因而它跳跃时是抱紧狼的后部，一起跳跃，就像舵一样地操控狼的进攻方向。狈很聪明，很有策划能力，以及很细心，它就是市场的后方平台，帮助做标书、网规、行政服务……我们做市场一定要有方向感，这就是嗅觉，大家一起干，这就是狼群的团队合作。要不屈不挠，不要一遇到困难就打退堂鼓，世界上的事情没有这么容易，否则就会有千亿个 Cisco(思科)。狼与狈是对立统一的案例，单提"狼文化"，也许会曲解了狼狈的合作精神。而且不要一提这种合作精神，就理解为加班加点，拼大力，出苦命，那样太笨，不聪明，怎么可以与狼狈相比。

我们的企业文化，绝不是让各级干部又凶又恶，我们也不支持把这些人选拔进各级管理团队。文化是给大家提供了一个精髓，提供了一个合作的向心力，提供了一种人际相处的价值观，这种价值观是需要人们心悦诚服。又凶又恶是能力不足的表现，是靠威严来撑住自己的软弱，这种干部破坏了华为文化的形象，这种人不是真有本事，我们要及时更换。我们强调奋斗，并不是逼迫员工，员工只需要在法律的框架下，尽职尽责工作就行。我们是用选拔干部的标准，来牵引组织进步，达不到这种标准，甚至不愿达到这种标准的人可以做员工。他们是否可以持续在这个岗位的判别条件，是他们的贡献是否大于成本。

我们各级干部去组织员工实践任务时，要以身作则，正人先正己。要关爱员工，关心他的能力成长、工作协调的困难，同时，也可以适当地关怀他的生活。你都对别人不好，别人凭什么为你卖力。员工也要理解公司的难处。

公司已经建立了良好的薪酬奖励制度，建立了完善优厚的社保、医保、意外伤害保，及组织各种有益于员工的文体活动，我们各级干部要不断宣传这些好的机制，并落实它。员工在不断优化的制度环境中，应该有一种满足感，不要期望无限制地去拔高它。

员工在网上发牢骚，要自我适度控制，牢骚太盛防肠断，牢骚多了，社会对公司误会了，就麻烦多了，公司被拖垮了，你再骂谁去？就业是双方自由选择的，不喜欢华为，还有许多好的公司，你都有选择的机会。

六、胜则举杯相庆，败则拼死相救，是跨团队的文化管理，要继续发扬光大

我们是小公司时，提出了"胜则举杯相庆，败则拼死相救"的口号，那时大多出于精神。而我们这时继续强化这个口号的目的，是希望打破流程中的部门墙。

现在行政管理团队的权力太大，而流程管理者的权力太小，致使一个部门一道墙，墙越积越厚。这样无形中增加了较大的成本，使竞争力削弱。我们要用制度来保证这种精神传承，要让为全流程做出贡献的人，按贡献分享到成果。

团结起来，共同奋斗。这就是我们的目标。

2008年5月31日

任正非：为什么要自我批判

今天研发系统召开几千人大会，将这些年由于工作不认真、BOM填写不清、测试不严格、盲目创新造成的大量废料作为奖品发给研发系统的几百名骨干，让他们牢记。之所以搞得这么隆重，是为了使大家刻骨铭记，一代一代传下去。为造就下一代的领导人，进行一次很好的洗礼。我今天心里很高兴，对未来的交接班充满了信心。

只要我们坚持自我批判，永不满足，你们火红的青春，就会放射光芒，就一定会大有作为。

华为还是一个年轻的公司，尽管充满了活力和激情，但也充塞着幼稚和自傲，我们的管理还不规范。只有不断地自我批判，才能使我们尽快成熟起来。我们不是为批判而批判，不是为全面否定而批判，而是为优化和建设而批判，总的目标是要导向公司整体核心竞争力的提升。

我们处在IT业变化极快的十倍速时代，这个世界上唯一不变的就是变化。我们稍有迟疑，就失之千里。固步自封，拒绝批评，怛怛怩怩，就不只千里了。我们是为面子而走向失败，走向死亡，还是丢掉面子，丢掉错误，迎头赶上呢？要活下去，就只有超越，要超越，首先必须超越自我；超越的必要条件，是及时去除一切错误。去除一切错误，首先就要敢于自我批判。古人云：三人行必有我师，这三人中，其中有一人是竞争对手，还有一人是敢于批评我们设备问题的客户，如果你还比较谦虚的话，另一人就是敢于直言的下属、真诚批评的同事、严格要求的领导。只要真正地做到礼贤下士，没有什么改正不了的错误。

如果没有长期持续的自我批判，我们的制造平台，就不会把质量提升到20PPM。中国人一向散漫、自由、富于幻想、不安分、喜欢浅尝辄止的创新，不愿从事枯燥无味、日复一日重复的枯燥工作，不愿接受流程和规章的约束，难以真正职业化地对待流程与质量。不能像尼姑面对青灯一样，冷静而严肃地面对流水线，每天重复数千次，次次一样的枯燥动作。没有自我批判，克服中国人的不良习气，我们怎么能把产品造到与国际一样高水平，甚至超过了同行。他们这种与自身斗争，使自己适应如日本人、德国人一样的工作方法，为公司占有市场打下了良好基础。如果没有这种国际接轨的高质量，我们就不会生存到今天。

我们的管理系统，是从小公司发展过来的，从没有管理，到粗糙的管理；从简单的管理，到 IPD（集成产品开发）、ISC（集成供应链）、财务的四统一、IT的初步建设。公司正在与国际接轨，如果不是不断地自我批判，哪位领导制定的管理动不得；某某领导讲的话不能改；改动一段流程触及哪些部门的利益，导致要撤消 ××岗位，都不敢动，那么面对全流程的体系如何建设得起来？没有这些管理的深刻进步，公司如何实现为客户提供低成本、高增值的服务？那么到今天市场产品竞争激烈，价格一降再降，我们就不可能再生存下去了。管理系统天天也在自我批判，没有自我批判，难以在迅速进步的社会里生存下去。

市场营销系统的自我批判，因为身处最前线，最敏感，也最活跃。只有自我批判，迅速地调整、改正一切必须改正的错误，否则早就被逐出市场。集体大辞职，就是他们一次思想上、精神上的自我批判，开创了公司干部职位流动的先河。他们毫无自私自利的伟大英雄行为，必在公司建设史上永放光芒。

今年他们又从过去的客户经理制，转变到客户代表制。为什么呢？就是要加强自我批判的强度。客户经理的目标很明确，是单方向的、推介式的。而客户代表呢？首先他们必须代表客户，代表客户来监督公司的运作。客户代表的职责就是站在客户的立场来批评公司，他不批评就失职；他乱批评，没有在整改中吸取他的批评，考评也不能好。他只有多批评，并实事求是，使批评的内容得以整改，他才会有进步。这样，我们一定能从客户代表那儿听到批评意见。为什么实行这项制度呢？因为，我们常常听不到客户批评了，客户认为我们的员工太辛苦，工作中有一点点错，告诉公司怕影响他们的进步，有意见也不提了。久而久之，我们会认为太平无事，问题的累积则会毁坏整个客户关系。而客户代表又不同，他的职责就是批评公司，大到发货不及时、不齐套；小到春节期间装机，以为没人管，在机房吃了东西。只要我们时时处处把客户利益放到最高的准则，我们又善于改正自己存在的问题，那么客户满意度就会提高，提高到 100%，就没有了竞争对手，当然这是不可能的。但企业的管理就是奋力去提高客户满意度。没有自我批判，认识不到自己的不足，何来客户满意度的提高。

研发系统这次彻底剖析自己的自我批判行动，也是公司建设史上的一个里程碑、分水岭。它告诉我们经历了 10 年奋斗，我们的研发人员开始成熟，他们真正认识到奋斗的真谛。未来的 10 年，是他们成熟发挥出作用的 10 年，而且这未来的 10年，将会有大批更优秀的青年涌入我们公司，他们在这批导师的带领下，必将产生更大的成就，公司也一定会在未来 10年得到发展。我建议"得奖者"，将这些废品抱回家去，与亲人共享。今天是废品，它洗刷过我们的心灵，明天就会成为优秀的成果，作为奖品奉献给亲人。牢记这一教训，我们将享用永远。

我们将继续推行以自我批判为中心的组织改造与优化活动。我们也决定要把现在的骨干培养为具有国际先进水平的职业化队伍。我们希望一切骨干努力塑造自己，只有认真地自我批判，才能在实践中不断吸收先进和优化自己，才能真正地塑造自己的未来。公司认为自我批判是个人进步的好方法，还没掌握这个武器的员工，希望各级部门不要再给以提拔。两年后，还不能掌握和使用自我批判这个武器的干部，请降低使用。

同时，我们也要告诫员工，过度地自我批判，以致破坏成熟、稳定的运作秩序，是不可取的。自我批判的不断性与阶段性要与周边的运作环境相适应。我们坚决反对形而上学、机械教条的唯心主义，在管理进步中，一定要实事求是，不要形左实右。

我们开展自我批判的目的不是要大家去专心致志地修身养性，或是大搞灵魂深处的革命，而是要求大家不断地去寻找外在的更广阔的服务对象，或是更有意义的奋斗目标。因为你的内心世界多么高尚，你个人修炼的境界多么超脱，别人是无法看见的，当然更是无法衡量和考核的，我们唯一能够看见的是你在外部环境中所表现出来的态度和行为，它们是否有利于公司建立一个合理的运行秩序与规律，是否有利于去除一切不能使先进文化推进的障碍，是否有利于公司整体核心竞争力的发展。这就需要我们不断地走出内心世界，向外去寻找更为广阔的服务对象和更有意义的奋斗目标，并通过竭尽全力地服务于他们和实现它们，使我们收获一个幸福、美好、富有意义的高尚人生。

其实我所说的自我批判的根本意义，也就在于此。

（摘自 2000年第 109期《华为人》，任正非在中研部将呆死料作为奖金、奖品发给研发骨干大会上的讲话）

柳传志：看人要看后脑勺

　　联想有一套严格的面试手段，并从国外引进了一套针对个人的心理测评工具，这套工具能对人的十几个倾向做出判断，通常做完这样一套测试要花上两个半小时的时间。在做这套测试的同时，还可以考查这个人是不是认真，是不是有耐心。联想会根据业务部门的特点，从岗位特点出发对员工测试结果进行分析，比如对于一个研发人员岗位，在选择人员时就可以忽略财务方面的问题。

　　在联想，经理级的员工都要 360 度的评估，根据联想的能力模型，所有的下属上级，还有同事抽样做评估，潜力评估又是几个标准，大家讨论，打分。

　　360 度评估（360° Feedback），又称"360 度绩效考核表法"或"全方位考核法"，最早是由被誉为"美国力量象征"的典范企业英特尔首先提出并加以实施的。360 度绩效考核表反馈是指由员工自己、上司、直接部属、同仁同事甚至顾客等全方位的各个角度来了解个人的绩效，包括：沟通技巧、人际关系、领导能力、行政能力……通过这种理想的绩效评估，被评估者不仅可以从自己、上司、部属、同事甚至顾客处获得多种角度的反馈，也可从这些不同的反馈清楚地知道自己的不足、长处与发展需求，使以后的职业发展更为顺畅。

柳传志对 360度反馈有一个形象的表述，那就是"看人要看后脑勺"。柳传志表示："人的因素最要紧，人的考察难度最大，选择人要看'前脸'也要看'后脑勺'，就是说要看他在你面前做了什么，也要看他在你背后做了什么。

"所谓看后脑勺，就是看一个人的本质，这不是平时面对面笑嘻嘻的谈话就能发现的，需要生活中的多方面的观察才能了解他内心真实的东西，看出表面没有显现的东西，如果确实是有德之人，就可以给他各种机会锻炼他。"

柳传志表示："如果我真是打算把谁往更高层次去用的话，考察的时间一般会很长，从多方面去了解这个人的德行。比如他如何对待同事，对待家人，对待一般人，甚至吃饭时对服务员，各个方面的态度，我都会漫不经心地留意，已经形成一种习惯了。对德的方面，我的要求还是比较高的：要有事业心，对公司负责任，对员工负责任，这个事本身不是很多人都能做到的。然后看他的学习能力，就是他每做一件事情，我会特别喜欢跟他谈，听他谈他做事情的原因经验等等。真的重用的话，那个得观察两三年，但是两三年以后，并不见得机会就到了，就放在那里长期等着了，等到机会合适的时候再起用。"

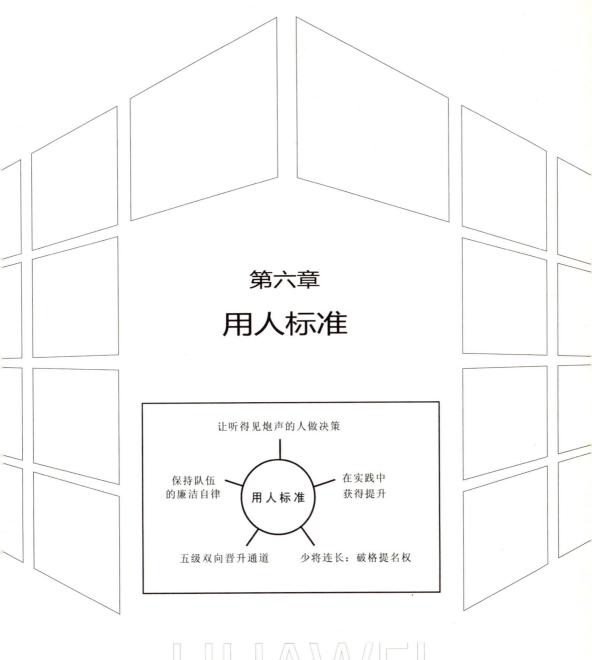

第六章

用人标准

让听得见炮声的人做决策

保持队伍
的廉洁自律　　用人标准　　在实践中
获得提升

五级双向晋升通道　　少将连长：破格提名权

HUAWEI

第一节　让听得见炮声的人做决策

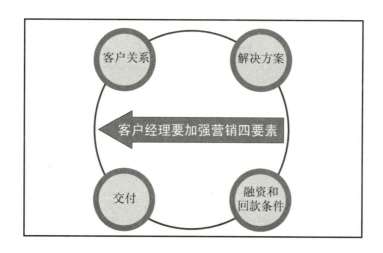

　　2009年新年伊始，任正非向华为全体员工发出了震耳欲聋的呐喊——"让听得见炮声的人做决策"。任正非在颁奖大会的讲话中特意强调："谁来呼唤炮火，应该让听得见炮声的人来决策。而现在我们恰好是反过来的。机关不了解前线，但拥有太多的权力与资源，为了控制运营的风险，自然而然地设置了许多流程控制点，而且不愿意授权。过多的流程控制点，会降低运行效率，增加运作成本，滋生了官僚主义及教条主义。"

　　过去在打仗的时候，前方的连长是没有权力做决策的，必须向师部请示。现代战争中，美国特种部队，三个人在前方就可以。任正非联想到了公司，大了以后很多职能部门提出的，但听不到前方的炮声，效率很低，也做出了很不正确的决策。中国的企业大部分是企业家们一手一脚打出来的，从小到大带上来的，开始在一线指挥，走到一定程度的时候发现自己管不过来了，这时候就要开始授权，授权以后往往发现授权过度了，资源不能充分有效整合，监控不力，企业下属也会犯一些错误。再收回权，一个机构管理，就是所谓的总部。再走一段发现总部收得太多了，很多职能部门很官僚，不了解前方，又给下面了。中国企业大部分走到了这个阶段了，怎么在集权和授权之间找到平衡点。任正非给的答案是"让听得见炮声的人做决策"。

　　在华为，流传着一个关于任正非和郑宝用的故事。

　　1993 年的一天，郑宝用主持一次非常重要的研发项目立项评审会议，突然，郑宝用看到总裁任正非也来参加了，就跑过去对任正非说："任总，这个会你不用参加了，我会把结果告诉你的。"任正非听后，很平静地离开了会议现场。

　　1989～1995 年是华为发展史上最艰苦的时期，身为华为总裁，任正非的日子很不好过。如此重要的项目评审会议，任正非将最后的决策权交给郑宝用，甚至在公开场合说："郑宝用，一个人能顶 1 万个。"

　　任正非认为，华为当时的情况是，前方的"作战部队"只有不到三分之一的时间是用在找目标、找机会，以及将机会转化为结果上，大量的时间用在了频繁地与后方沟通协调上。本应后方解决的问题却让前方协调，拖了前方的后腿，好钢没有用在刀刃上。

在任正非看来，那些长时间脱离前线的人，已经失去了对"战场"的敏锐感，也失去了现场解决问题的能力。真正的决策权应交给那些听得见"炮声"的人。

2010年年初，任正非又一次明确表示，华为已从2009年展开了组织结构及人力资源机制的改革，意图从过去的集权管理过渡到分权制衡管理，让一线拥有更多的决策权，以便在千变万化的市场中及时做出准确决策。

"让听得见炮声的人决策"的前提是有一个价值导向的基层作战单元。

作为一个在市场经济中成长起来的民营企业，华为历经20多年的市场磨炼，应该说其一线基本作战单元已经具备了基本的价值导向能力。引用任正非讲话的原文如下：

"努力做厚客户界面，以客户经理、解决方案专家、交付专家组成的工作小组，形成面向客户的'铁三角'作战单元。（这个）基层作战单元在授权范围内，有权力直接呼唤炮火……一线的作战，要从客户经理的单兵作战转变为小团队作战，而且客户经理要加强营销四要素（客户关系、解决方案、融资和回款条件，以及交付）的综合能力。"

从这里我们可以看出以下几个信息：

1. 以客户经理、解决方案专家、交付专家组成的工作小组，形成的直接面向客户的"铁三角"作战单元是华为公司最基本的一线作战单元。

2. 这个基本作战单元已经基本具备了价值导向的决策判断能力，并在不断地强化着。

3. 华为的系统、数据是支持这种对最基本的一线作战单元的价值导向的考核的。

正是因为华为具备了以上的几个必要条件，所以任正非才敢客观地说出"二十年来公司是实行高度的中央集权，防止了权力分散而造成失控，形成灾难，避免了因发展初期产生的问题而拖垮公司。但世界上没有一成不变的真理，今天我们有条件来讨论分权制衡、协调发展"，这个条件至少包括上述三个条件，才敢呼吁"让听得见炮声的人做决策"。[1]

第二节　在实践中获得提升

华为有一个选拔管理者的原则：凡是没有基层管理经验，没有当过工人的，没有当过基层秘书和普通业务员的，一律不能提拔为管理层，哪怕是博士也不行。学历再高，如果没有实践经历，也不可能成为一个合格的管理者。

2000 年，任正非在市场冲刺动员会上讲道："我们在职务上、待遇上、提升的机会上要向前方倾斜，因为前方碰到的例外情况比较多，需要有经验的员工。我们不能光用技能去考核干部，机关干部天天

1　史正军 . "让听得见炮声的人做决策" ——适合我们吗 [OL]. 网易，2009

受培训，当然技能会好，而天天在沙漠里打仗的干部技能肯定不会好。如何考核、选拔、培养干部，这是一个干部路线问题。如果我们不重视这些前方勇士，不给这些人培养机会，那么我们是在自取灭亡。因此，我们一定要给前线更多的机会。"

有基层工作经验的员工更容易被提拔为干部，这是华为的传统。任正非认为，有基层工作经验和管理经验的干部更了解员工的工作、生活状况以及想法，也更熟悉公司的企业文化。因而，华为确定了这样一条方针：从华为自己队伍里培养自己的骨干，即依据华为一系列管理者制度和政策，靠自己的努力来培养管理人才。

任正非认为，对于大量的基层和中层管理人员，要坚持"从实践中来"的选拔原则。"现在我们需要大量的干部，干部从哪里来？必须坚持从实践中来。如果我们不坚持干部从实践中来，我们就一定会走向歧途。"

华为不断地将一批批高层干部下放到市场锻炼。经验和能力是干部必备的素质，而这种素质只能通过从基层一步一步做起来培养。

华为的调配和一般公司不同，往往不是把差的人调走，而是把最好的员工"发配"各地。一位华为的工程师在文章里写道："我们开始都不理解，为什么公司派最好的人去农村、去基地……后来终于明白了任总的苦心：只有最好的人去，才能有感受，有学习，真正了解基层，回来以后才能真正改进工作。"另一位员工感言："在华为的短短4年，我得到了难以想象的丰富经历，从研发，到市场，到服务，在其他企业是完全不可能的。"

华为招聘的员工拿着工资到基层绝不是走走形式，去体会体会。

新员工下基层一去就是数月甚至经年；其次那个基层岗位就是你的，把这个岗位做好了再说；华为的基层都是一些比较偏远的地方，这和实习根本就是两回事。新员工当初招聘进来时的确有个工作意向，比如说做市场，但做市场也要先去装机，装完了再考核，考核合格也不一定就去做市场，还要经过综合评定。

在华为，不要说本科生，就是博士也要过这关，不是形式，不是锻炼，那就是你的工作。华为前副总裁郑树生、徐直军等也是博士毕业就直接分配到基层，在一线开发时做出了杰出贡献而得到提拔的。在华为，博士身份唯一的特别之处就是在长达半年的实习期里工资比本科生和硕士生稍微多点，此外与其他人都是一样的。

任正非说："实践是您水平提高的基础，它充分地检验了您的不足，只有暴露出来，您才会有进步。实践再实践，尤其对青年学生十分重要。唯有实践后善于用理论去归纳总结，才会有飞跃式的提高。有一句名言，'没有记录的公司，迟早要垮掉的'，多么尖锐。一个不善于总结的公司会有什么前途，个人不也是如此吗？"

《华为公司基本法》第七十二条中明确规定："没有周边工作经验的人，不能担任部门主管。没有基层工作经验的人，不能担任科以上干部。"显然，华为公司对于实践经验的重视非同一般。

任正非在其文章《不做昙花一现的英雄》中写道："各级干部都要亲自动手做具体事。那些找不到事又不知如何下手的干部，要优化精简，不仅要精兵简政，也要精官简政。我们将把没有实践经验的干部调整到科以下去。在基层没有做好工作的，没有敬业精神的，不得提拔。任何虚报浮夸的干部都要降职、降薪。"

任正非要求，提拔的干部必须拥有基层业务经验。一切没有基层成功经验的，一律不得提拔和任命。在华为，没有一线经验的人不能做直接主管，没有一线基层实践经验的干部冻结调薪和饱和配股，要补基层实践课。以后，三年之内没有半年基层经验也算没有一线经验。不能让不懂战争的人坐在机关里指挥战争。要号召所有管理骨干到前线去，去解决问题。

　　任正非深信，实践出真知，华为人已经拥有深厚的理论积淀，如果再经历一线"战火"的洗礼，就会得到突破，成为真正可用的人才。事实证明任正非的观点是正确的，在华为，只有那些勇于实践并善于总结的人，才能找出自己存在的问题、原因，当他们及时更正后，便快速地成长起来。

　　2007年5月前，姜一民（化名）一直都在华为某研究所负责产品研发，可是对产品在一线如何应用一点都不清楚，工作也无从展开。于是，姜一民只能白天忙着学习测试，晚上便一头扎进那些理论知识的书堆里，拼命寻找一些跟工作相关的案例，然后按照自己的思路重新写下来。

　　后来，姜一民到某地参加V项目的第一个商用网开局，在验收测试中，遇到了一个语音与数据业务组合的用例，测试时总是失败。正当大家不知所措的时候，姜一民想到了之前自己写过的一个案例，茅塞顿开，问题也很快就得到了解决。这件事也让他第一次尝到了在实践中总结经验的"甜头"。

　　2009年，姜一民来到了号称世界上最寒冷的某海外办事处，白天的室外温度达到了零下30℃。就是在这种天寒地冻的环境下，姜一民每次在现场处理问题的时候，都会坚持把每个操作细节详细地记录下来。回到基站，他就总结出其中有价值的部分，并形成案例，然后在公司网站上发表；很快，他就从一个对一线技术一窍不通的"菜鸟"一跃成了"专家"，并深受领导的重视。

姜一民的经历充分地证明了任正非的那句话："实践后经过归纳总结，才会有飞跃式的提高。"

第三节　少将连长：破格提名权

在华为，一通电话就飞到利比亚、阿尔及利亚、委内瑞拉等世界各个角落是常有的事，往往一去就是 3 个月至半年，而且是在最落后的环境做最艰苦的事。员工当然也可以选择不去，但"去，就是给你一个舞台，让你有机会学习成长；年底绩效好，还可以多认股，多分红，为什么不去呢"？事实上，"只有最优秀的人才能被外派到基层"，华为公司副董事长郭平说。

任正非明确表示，要给每个轮值 CEO 每年 50 个破格提名权，超常规提拔优秀员工，更好地激励员工。任正非说："提拔一个人的目的就是要激活一大片，我巴不得你想当少将，要当少将就要拿出少将的条件来。"

任正非这样说道："我们给每个轮值 CEO 每年 50 个破格提名权，但真正的干部资格认证还是去原审批流程批准。没有限制片总的提名数量，你流程外的提议，也得走流程内审批，不批准，你可以选择再提议或放弃，但它一定会激活了评价。当然，不是说你想提谁当炊事班班长就可以，进入流程一讨论，大家说你把他变成班长后，周边人会受不了，他当班长是中将级别，拿那么多钱，我也至少是少将。提拔一个人的目的就是要激活一大片，我巴不得你想当少将，要当少将就要拿出少将的条件来。人的生命只有几十年，你只能在这个短暂时间内把自己培养成航母舰长。看干部就要看这个人的贡献是否达到目标。"

"为什么不敢破格使用？为什么不学习美国军队？诺曼底登陆的时候，李奇微还是个少校，指挥 82 师的一个营；到朝鲜战场的时候，已经成了'联合国军'总司令；后来他接替艾森豪威尔任北约组织武装部队最高司令。短短八年时间就能有这么大的提升。为什么华为就不能这么选干部？我们还是要选一些战略狂人上来，才能占领战略要地。我想换干部，把余承东这样的拉上去。人力资源能不能让余承东兼个副总裁？他去选干部，发现谁是千里马，就把谁用起来。华为公司已经没有秘密可保了，这个人靠得住、那个人靠不住的时代已经过去了。现在就是谁品德好，谁有能力，谁上去。当然你能力好但品德不好，我也不用你。"

2012 年，任正非再次强调要破格录用人才："对优秀干部要敢于破格提拔。我们过去太强调公平了，我们现在已经有公平的基础了，接下来就是要敢于破格。基层员工摆平了，优秀的涨就涨了，有啥了不起的？本来世界就不公平，我们也不怕一般员工跑了。领袖型的人物你不抓紧时间提拔，等到上航空母舰的时候，他都弯腰驼背，指挥不动作战了，人的青春也就这么十几年。人力资源委员会在破格提拔上还是要敢于决策，这样才能留住人心，留住人，否则的话，像有的公司挖我们一个干部过去，就把国际市场做起来了。"

第四节　五级双向晋升通道

在有些企业里，经常会听到一些不太易懂的头衔，像什么正部级设计师、副处级绩效主管、正科级业务员等等。试着问个究竟，不外乎就是在具体职位前面加上了相应的行政级别，这样一来，地位和待遇等级都可以一目了然。

1998 年之前的华为，就是这样的一种称谓模式。每到公司开会的时候，先要规定一下参会人员的级别范围，如科级以上或者处级以上等，不论你是管理人员，还是其他专业人士，只要满足相应的级别要求，都必须参加，如果不清楚自己是否符合参会条件的话，可以先去问一问上司。

伴随着企业的发展，除管理层之外，也涌现出技术、营销、制造、采购、财务以及人力资源等方面的专业人士。和唯一的行政称谓比起来，叠加式的头衔，已经进步了许多，至少承认了专业人士的基本地位，但还是没有完全跳出"官本位"思想的束缚。毕竟，享受某某级别的待遇与真正的某某官衔相比，总是会有低人一等的感觉。在许多专业人士看来，最好还能兼个科长、处长之类的行政职位，或者干脆直接转向管理职位发展，否则职业前景依然黯淡。职业发展既像是在登山，又像是在走迷宫。登山是指在层级式的组织结构中，越往上爬位置越少，还要同时顾及一不留神摔下去的危险；而走迷宫，就是有许多条通道可供选择，但很难辨别到底哪条路径正确，毕竟走错路或回到起点的情况也时有发生。

传统的职位价值评估，基本上可以解决专业人士薪酬待遇方面的问题，但是，是否拥有与自己能力相匹配的明确身份，以及明确的专业发展方向也同样的重要。如果这些问题不能妥善解决的话，企业要么很难培养出各类专家人才，要么无法长期保留这些专业人才。

要鼓励员工不断提高职业技能，首先要让他们明确知道自己职业发展的上行通道。华为在借鉴英国模式的基础上，设计了著名的"五级双向晋升通道"模式。

先梳理出管理和专业两个基本通道，再按照职位划分的原则，将专业通道进行细分，衍生出技术、营销、服务与支持、采购、生产、财务、人力资源等子通道。这些专业通道的纵向再划分出五个职业能力等级阶梯，如技术通道就由助理工程师、工程师、高级工程师、技术专家、资深技术专家五大台阶构成，而管理通道是从三级开始，分为监督者（三级）、管理者（四级）和领导者（五级）。

在这个多通道模型中，每个员工至少拥有两条职业发展通道。以技术人员为例，在获得二级技术资格之后，根据自身特长和意愿，既可以选择管理通道，也可以选择技术通道发展。由于两条通道的资格要求不同，如果技术特点突出，但领导或管理能力相对欠缺的话，就可以选择在技术通道上继续发展，一旦成长为资深技术专家，即使不担任管理职位，也可以享受公司副总裁级的薪酬与职业地位，企业也得以充分保留一批具有丰富经验的技术人才。很多员工还可以选择两个通道分别进行认证，企业采取"就高不就低"的原则来确定员工的职等待遇。

当时华为的常务副总裁李一男等一批技术领导就同时兼有技术和管理两个通道的等级资格。作为一名技术部门的管理者，一旦失去管理职位后，凭借其相应的技术等级资格，可以再转回到技术通道上发展，这就解决了管理队伍新老接替中"下岗干部"无法安置的问题。

这就和围棋运动一样。为了大致区分棋力的高下，围棋运动中将职业和非职业选手分为若干个段位。通过职业发展通道设计、职业能力等级标准制定和职业等级认证三个方面的制度设计，企业中不同类型的员工，也可以拥有自己的职业"段位"，以及不断提升"段位"的机会。

这样，对于每一名员工而言，根据自身特长和意愿，既可以选择管理通道发展，也可以选择与自己业务相关的专业通道发展，从而妥善解决了一般企业中"自古华山一条路，万众一心奔仕途"的问题。

华为这样做，不单避免了评价中的偶然因素，也符合职业发展需要持续一贯的原则，有效地摆脱了论资排辈的条条框框。"五级双向晋升通道"的精髓尽在于此，你努力，那就上；你不努力，那就下。

第五节　保持队伍的廉洁自律

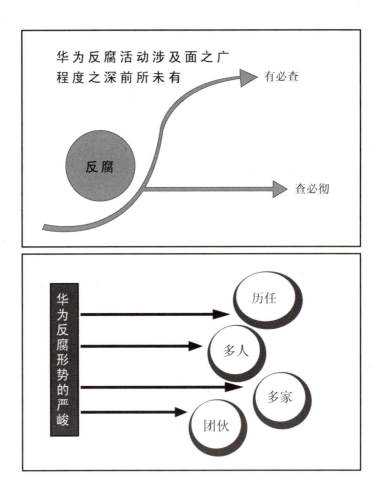

2002 年、2003 年是华为最困难的时候，首先 2001 年李一男出走，从华为挖走了好几百位骨干，几乎掏空了华为核心技术班子；同一

时期，任正非的母亲出车祸身故，任正非那时正陪着国家领导人在国外访问。当时任正非母亲身上没带身份证，只送到一般的医院去治疗抢救，后来人就去世了，给任正非的打击是非常大的，企业做那么大，到关键时刻，连母亲都照顾不了。

当时任正非抑郁了一年，又得了重病，作为老板压力确实太大了，而且那时候他觉得，我对员工这么好，权力、利益都给你们了，为什么还背叛我？他想不通。那时真是最痛苦，也是华为最危难的时候，那一两年他已经很少管公司了，基本上靠一个团队在管理。

目前华为15人高管团队里，最晚进入华为的时间是1996年，因此华为高管团队都是自己培养的，不是空降，都是参加了当年《华为公司基本法》讨论的一批年轻人。团队全部是硕士以上学历，全部是名牌大学出身。

企业做大了以后，选高层干部一定要以德为先，因为高层干部掌握的资源太多，诱惑太大，必须自查自纠，每日三省吾身。利出多孔，肯定是大家都在割肉，不再进行价值判断，因为诱惑太大。

华为检查完干部，会让干部自己提出整改措施，大家继续干，这是任正非很懂人性，又很善的地方。

早在2005年，公司高层就警觉到公司最大的风险来自内部，必须保持干部队伍的廉洁自律，并于2005年12月召开了EMT民主生活会。EMT成员共同认识到：作为公司的领导核心，要正人须先正己，以身作则，会上通过了《EMT自律宣言》，要求在此后的两年时间内完成EMT成员、中高层干部的关联供应商申报与关系清理，并通过制度化宣誓方式层层覆盖所有干部，接受全体员工的监督。2007年

9月29日，公司举行了首次《EMT自律宣言》宣誓大会，并将这项活动制度化开展至今。

2013年1月14日，华为公司在深圳坂田基地召开了"董事会自律宣言宣誓"大会。"华为公司自建立起，就要求干部要严格自律，勇于自我批判，并提出要制度化地防止干部腐化、自私和得过且过。当我们的高层管理者中有人利用职权谋取私利时，就说明我们公司的干部选拔制度和管理出现了严重问题，如果只是就事论事，而不从制度上寻找根源，那我们距离死亡就已经不远了。"

"公司最大的风险来自内部，必须保持干部队伍的廉洁自律。要努力营造一种氛围，有利于大家团结合作。"自律宣言亦是任正非解决干部管理中面临的难题惯用的方式。但跟往年的自律宣言不同的是，2013年宣誓内容特别强调对高级管理者的约束："高级干部的合法收入只能来自华为公司的分红及薪酬，不以滥用职权、收受贿赂等方式获得其他任何收入。"

"高级干部要有自我约束能力，通过自查、自纠、自我批判，每日三省吾身，以此建立干部队伍的自洁机制。高级干部要正直无私，用人要五湖四海，不拉帮结派。不在自己管辖范围内形成不良作风。"

公司最高管理团队举行自律宣言宣誓，表明了高层领导从自身做起，严格自律，众志成城，把所有力量都聚焦在公司的业务发展上的决心。

华为的终端业务2014年发现了上亿元的受贿个案。

目前，华为主要有三大板块业务，包括通信网络设备（运营商）、企业网和消费电子。其中，消费电子业务发展迅速，华为手机销量已跃升至全球第三位，仅次于苹果和三星。

"华为手机业务发展很快，上游采购量巨大，有时不完全看价格，还要看质量，因此采购存在一定灵活性。"因为华为员工收入高，如果只是一点钱不值得这样做。当然，供应商、经销商也不敢得罪华为的采购人员。

但华为对腐败是零容忍的，任正非强调，没有什么可以阻挡华为公司前进，唯一能阻挡的，就是内部腐败。华为公司副总裁余承东在给员工的邮件中说，近几年来华为消费业务不断出现一些员工因腐败问题而掉队的情况，其中不乏一些名牌大学毕业生，因一时贪念拿了经销商的好处费而"身陷囹圄，名誉扫地"。他劝告已经走错一步的员工务必放下包袱并主动申报自己的问题，"这才是自我救赎的唯一途径"。与终端业务一样，企业业务也是华为发展迅猛的新兴业务，同样是腐败的重灾区。

华为反腐活动涉及面之广、程度之深前所未有，用华为的话说是"有必查，查必彻"。华为人以"历任、多人、多家、团伙"来形容华为反腐形势的严峻。任正非表示，深感处在各种利益碰撞与诱惑的中心，唯有彻底抛弃一切私心杂念。只有无私，才能团结团队；才能敢于改正自己的缺点；才能境界高远，包容一切需要容纳的东西。华为2011年才发展企业业务。企业业务比较特殊，不是直接面对客户，而要通过经销商来销售路由器、交换机和软件等。因为提供的是硬件加上软件的解决方案，没有标准定价，因此存在操作空间，行业内一般都有回扣、返点现象。思科在中国就曾撤掉一批涉嫌腐败的员工。[1]

2014 年 9 月初，华为首次召开企业业务经销商反腐大会，通告反腐情况：截至 2014 年 8 月 16 日，已查实内部有 116 名员工涉嫌腐败，涉及 69 家经销商，其中 4 名员工已被移交司法部门处理。

2014 年 10 月华为反腐累计追回资金 3.7 亿元。华为董事会将 3.7 亿元用于奖励那些遵纪守法的职工。按照目前华为员工数，每位华为员工会获得数千元奖金。这笔追缴资金以奖金形式随 11 月份工资一起发放。

1　华为查实 116 员工涉腐败，终端业务现上亿受贿案 [N]. 第一财经日报，2014

董事会自律宣言

华为承载着历史赋予的伟大使命和全体员工的共同理想。多年来我们共同奉献了最宝贵的青春年华，付出了常人难以承受的长年艰辛，才开创了公司今天的局面。要保持公司持久的蓬勃生机，还要长期艰苦奋斗下去。

我们热爱华为如热爱自己的生命。为了华为的可持续发展，为了公司的长治久安，我们要警示历史上种种内朽自毁的悲剧，决不重蹈覆辙。在此，我们郑重宣誓承诺：

1.正人先正己、以身作则、严于律己，做全体员工的楷模。高级干部的合法收入只能来自华为公司的分红及薪酬，不以下述方式获得其他任何收入：

● 绝对不利用公司赋予我们的职权去影响和干扰公司各项业务，从中谋取私利，包括但不限于各种采购、销售、合作、外包等，不以任何形式损害公司利益。

●不在外开设公司、参股、兼职，亲属开设和参股的公司不与华为进行任何形式的关联交易。

●不贪污，不受贿。

高级干部可以帮助自己愿意帮助的人，但只能用自己口袋里的钱，不能用手中的权，公私要分明。

2.高级干部要正直无私，用人要五湖四海，不拉帮结派。不在自己管辖范围内形成不良作风。

3.不窃取、不泄露公司商业机密，不侵犯其他公司的商业机密。

4.绝不接触中国的任何国家机密，以及任何其他国家的任何国家机密。

5.不私费公报。

6.高级干部要有自我约束能力，通过自查、自纠、自我批判，每日三省吾身，以此建立干部队伍的自洁机制。

我们是公司的领导核心，是牵引公司前进的发动机。我们要众志成城，万众一心，把所有的力量都聚焦在公司的业务发展上。我们必须廉洁正气、奋发图强、励精图治，带领公司冲过未来征程上的暗礁险滩。我们绝不允许"上梁不正下梁歪"，绝不允许"堡垒从内部攻破"。我们将坚决履行以上承诺，并接受公司监事会和全体员工的监督。

链接2

未来华为一线或将拥有主动决策权

在 20 多年的发展历程当中，华为不断因应环境和自身的变化，虽然"谨慎"，但一步步总在向前地探索出了一条适合自己的分权之道和授权之术。到2009年，任正非又开始酝酿新的改革。

这一年，在极端困难的外部条件下，华为成功经受住了考验，业绩逆市飘红，全年销售额超过 300 亿美元，销售收入达到 215 亿美元，客户关系得到进一步提升。在内部，亦同步开展了组织结构和人力资源机制的改革，确定了"以代表处系统部铁三角为基础的，轻装及能力综合化的海军陆战队式的"作战队形，培育机会、发现机会并咬住机会，在小范围完成对合同获取、合同交付的作战组织以及对中大项目支持的规划与请求。

原来，随着时间的流逝和组织的放大，拥有太多权力和资源的华为决策机构远离战场，同时为了控制运营风险，自然而然地设置了许多流程控制点，而且不愿意授权，滋生了严重的官僚主义及教条主义，导致最前线的作战部队，只有不到三分之一的时间用在找目标、找机会以及将机会转化为结果上，大量的时间是用在频繁地与后方平台往返沟通协调上。面对越来越大的市场，战线不断被拉长，战机的稍纵即逝留给华为调动资源的时间越来越少，一线必须拥有更多的决策权，才能适应千变万化的市场。

这个问题如何解决？常规思维，既然是前后方相隔太远，中间协调不足，那么对后方进行精简机关、压缩人员、简化流程，这样前后方沟通与资源调配效率就能得到提升。但华为 EMT（经营管理团队）却并不认同这个做法，他们认为简单地精简机构并不能从根本上解决问题，机关干部和员工压到一线后，会增加一线的负担，增加成本，更重要的是都不了什么忙，无法产生额外的效益。而且机关干部下去以后以总部自居，反而干预了正常的一线工作，得不偿失。既然常规方法行不通，想要创新却也不易，眼看就要陷于僵局，一份来自华为北非地区的汇报带给任正非一丝启发。

在华为北非分部，围绕做厚客户界面，员工成立了以客户经理、解决方案专家、交付专家组成的工作小组，形成面向客户的"铁三角"作战单元。铁三角的精髓是为了目标而打破功能壁垒，形成以项目为中心的团队运作模式。华为的先进设备、优质资源，应该在前线一发现目标和机会时就能及时发挥作用，提供有效的支持，而不是拥有资源的人来指挥战争、拥兵自重。这为华为组织变革和分权提供了一条思路，就是把决策权根据授权规则授给一线团队，后方仅起保障作用。相应的流程梳理和优化要倒过来做，就是以需求确定目的，以目的驱使保证，一切为前线着想，共同努力地控制有效流程点的设置，从而精简不必要的流程，精简不必要的人员，提高运行效率，为生存下去打好基础。

可以更形象化地理解，华为过去是中央集权制，组织和运作机制是中央权威的强大发动机在"推"，推的过程中一些无用的流程、不出功的岗位，是看不到的。而现在华为将权力分配给一线团队，逐步形成"拉"的机制，准确地说，是"推""拉"结合，以"拉"为主的机制。在拉的时候，看到哪一根绳子不受力，就将它剪去，连在这根绳子上的部门及人员，一并剪去，组织效率就会有较大的提高。权力的重新分配促使华为组织结构、运作机制和流程发生彻底转变，每根链条都能快速灵活地运转，重点的交互节点得到控制，自然也就不会出现臃肿的机构和官僚作风。

权力的重新分配，并不否定过去20年华为取得的成绩。过去高度的中央集权，防止因权力分散而造成失控，避免了华为的夭折，但世界上没有一成不变的真理，今天，华为通过全球流程集成，把后方变成系统的支持力量。沿着流程授权、行权、监管，来实现权力的下放，以摆脱中央集权的效率低下、机构臃肿。

打赢一场战争，需要的是全局运筹帷幄，而打赢一次战斗，靠的却是战斗部队的实力和随机应变。在可以预见的未来，华为一线真正拥有了"将在外，军令有所不受"的主动决策权，而后台与总部分离，完全成为支持角色，为前线的每一次战斗提供资源和配套，没有了颐指气使，运营效率的提升是必然。总部则依靠战略导向主动权和监控权，来保障一线的权力不被滥用或者无效益地使用。这不是一次传统意义上权力从上至下的逐级分解，而是从下到上，从一线到后方的一次权力重铸。

2012年上半年华为营收1027亿元人民币，同比增长5.1%，这一数据显示，华为在面临全球金融危机和欧债危机双重危机下，仍保持了稳健增长的态势，全面超越最大的竞争对手瑞典爱立信，成为全球通信行业老大。骄人的业绩虽然离不开华为业务战略的成功转型及终端市场的突破，但权力的合理分配和组织运营效率的提升也居功至伟。任正非曾感叹："哪怕每年提高千分之一的效率都是可喜的。"权力分配会在前进中不断优化，积蓄深厚内功后薄发，会使华为在面对未来更加复杂的市场变化时游刃有余，充满活力和信心。

（本文摘编自《华为组织变迁：未来华为一线或将拥有主动决策权》，作者：刘祖轲，来源：钛媒体，2014.3）

第七章

培训体系

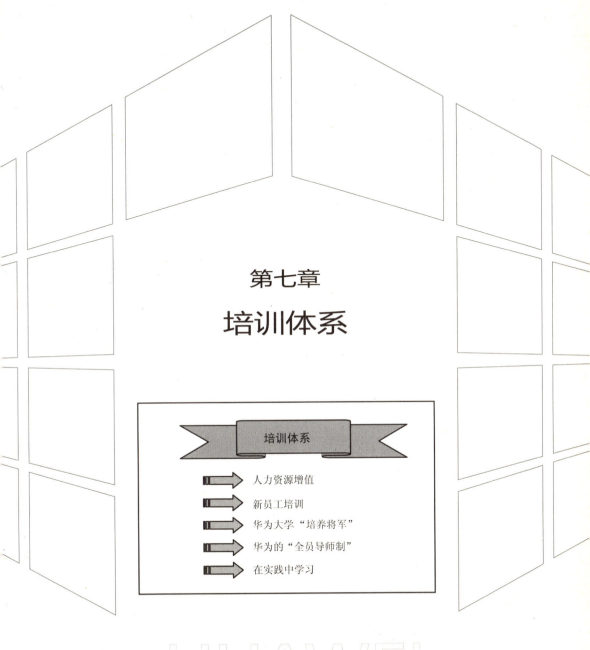

培训体系

➡ 人力资源增值

➡ 新员工培训

➡ 华为大学"培养将军"

➡ 华为的"全员导师制"

➡ 在实践中学习

HUAWEI

第一节　人力资源增值

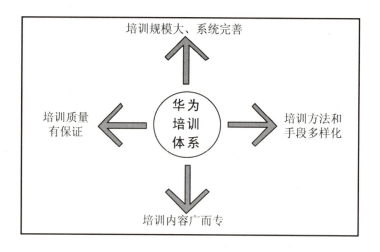

华为素有 IT 界的"黄埔军校"的盛誉，华为培养出来的员工在为华为创造出"爆炸式"高速成长奇迹的同时，也成为通信业各大企业争相追逐的对象。工作 1~2 年的华为员工，大多数人都接到过猎头公司的电话。中国人民大学教授、著名人力资源管理与管理咨询专家彭剑锋认为，在他所接触到的中国本土企业中，华为是在人力资源培训开发方面倾注热情最大、资金投入最多的公司。

至于原因，任正非在其文章《华为的红旗到底能打多久》中给出了解答："华为公司十分重视对员工的培训工作，为此每年的付出是巨大的。原因一是中国还未建立起发育良好的外部劳动力市场，不能完全依赖在市场上解决；二是中国的教育还未实现素质教育，刚毕业的学生上手能力还很弱，需要培训；三是信息技术更替周期太短，老员工要不断充电。公司有多少种员工培训中心，我也不清楚。总之员工之间的相互培训，已逐渐形成制度。"

《华为公司基本法》第九条明确写道："我们强调人力资本不断增值的目标优先于财务资本增值的目标。"第七十三条写道："我们将持续的人力资源开发作为实现人力资源增值目标的重要条件。实行在职培训与脱产培训相结合，自我开发与教育开发相结合的开发形式。"为达到这样的目标和规范，华为建立了完善的员工培训体系，为员工创造了丰富的学习机会和良好的知识共享氛围。总结起来，华为的培训体系具有这样的几个特点：

1. 培训规模大、系统完善。华为建立了一个全球性的培训中心网络，对全球数万名员工进行培训。华为的海外培训中心已达31个，覆盖拉美、亚太、中东北非、独联体等地区。在国内，除了位于深圳的培训总部外，华为在北京、广州、南京、昆明、杭州和重庆等地都建立了区域培训中心。2014年，仅华为总部培训中心就对71848人次的员工进行了培训，总培训时间达到104915.6天（1天以7小时计）。华为培训体系是一个"分类分层、系统完善"的体系，包括新员工培训系统、管理培训系统、技术培训系统、营销培训系统、专业培训系统和生产培训系统。

2. 培训方法和手段多样化。华为培训包括在职培训和脱产培训。

包括华为大学在内的华为全球培训中心为员工提供了众多培训课程。华为还建立了一套有效的导师制度，每位新员工到岗后，部门都会安排一位资深员工作为其导师，在工作生活等方面为其提供帮助和指导，以助新员工尽快适应华为。在新员工成为正式员工的三个月里，导师要对新员工的绩效负责。同时，华为建立了 3MS 内部共享平台，该平台包含丰富的业务资料信息、案例、社区栏目和 WIKI 知识共享栏目等，为公司员工提供了便捷的在线知识共享和合作平台。此外，华为还以座谈会、老专家沟通与访谈的方式促进员工学习发展。

任正非在其文章《不要忘记英雄》一文中这样说道："我们要特别对从前方回来的员工提供更多的培训机会，改进培训的手段，大力发展电化教学，使公司各种好的培训能普及天涯海角。我们任何一个到前方去的技术与管理人员，都至少要抽一个小时在办事处讲一课。做不到这一点的，考核中的团结合作，就要打折扣。每一个市场人员，都要利用点滴时间自我培训，每天、每时，与每一个人打交道，您都是受着不同方位的培训，只是您不自觉罢了。"

3. 培训内容广而专。华为的培训内容涉及众多领域。以岗前培训为例，为了帮助新员工尽快融入华为，华为大学对新员工进行企业文化、组织流程、产品知识、营销技巧等多方面培训。此外，华为为不同的职业资格、级别及类别的在职在岗员工制定了不同的培训计划，有针对性地对员工进行技术、管理培训，为每个员工的事业发展提供有力的帮助。为适应国际化发展战略，公司要求广大员工学英语、懂英语。各体系、各部门根据自身业务状况，推出了相应举措和办法，包括联系外语培训机构开展集中培训、开办英语角、引进托业考试、开发专业英语学习小册子、开展海内外员工轮换交流活动等等。

4.培训质量有保证。华为培训体系聚集了一流的教师队伍、教学技术和教学环境，拥有专、兼职培训教师千余名。这些教师都经过了严格的程序评估和筛选。他们中间既有资深的培训师，也有经验丰富的华为专家和工程师，这是员工通过培训获得工作相关知识技能的保障。此外，华为还定期特邀业内权威专家及知名大学资深教授前来授课，以保证公司总处在最新技术、业务及管理科学发展的前沿。为使广大员工以更好的心态面对工作和生活，华为还聘用了一批德高望重的退休专家和教授来华为工作，他们拥有丰富的人生经验和科学的研究方法，通过思想交流和情绪疏导，他们能有效地帮助员工树立正确观念、掌握科学方法，促进员工成长、发展。[1]

1　邱海燕.华为员工培训体系及其启示[N].广东广播电视大学学报，2011

第二节 新员工培训

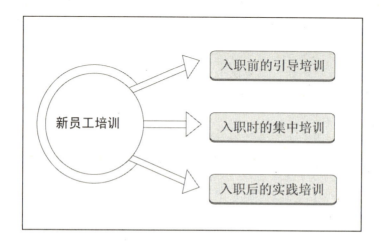

随着华为招入的高校毕业生人数逐年增多，其对员工的培训越来越多，培训的时间越来越长，花费的成本也越来越大。同时，华为对新员工的要求也越来越严，每年被淘汰的人也不在少数。2001年左右，任正非曾专门谈过华为新员工的培训问题。当时，华为每年大约招聘3 000名应届毕业生，公司专门成立了新员工培训大队，分若干中队，高级干部包括副总裁在内都担任小队长。新员工实行封闭式学习，军事化管理，学习时间短则半个月、3个月，长则半年、1年。

华为对新员工的培训，可以划分为三个阶段：入职前的引导培训，入职时的集中培训，入职后的实践培训。实践培训是三个阶段的重点。

入职前的引导培训

华为的校园招聘一般安排在每年的 11 月份，对拟录用的人员，华为会将他们安排到各个业务部门，并提前安排每人的导师。为防止拟录用人员在毕业前这个阶段的变化，华为要求导师每月必须给他们打一次电话，通过电话进行沟通，了解他们的个人情况、精神状态、毕业论文进展、毕业离校安排等，并对他们进行未来岗位情况的介绍，提出岗位知识学习要求，等等，让他们顺利走向岗位做好思想上的准备。

入职时的集中培训

新员工入职后，华为要对他们进行为期 5 天的集中培训，要全部到深圳总部进行。这个阶段的培训时间已经比过去大大压缩，培训的内容侧重华为有关政策制度和企业文化两个方面。也就是说，作为一个新人，应该对华为了解些什么，应该清楚公司的政策制度为什么这样规定，应该清楚自己作为华为一员的基本行为规范，等等。

华为还有一篇《致新员工书》，是任正非在华为创业之初写的文章，把华为的文化和对新员工的要求全部融入其中。还有一部新员工必看的电影——《那山，那人，那狗》，讲的是一个山区邮递员的故事，影片倡导的敬业精神，正是华为追求的价值观。

在整个新员工培训的过程中，企业文化是首先要学习的，目的是让新员工从思想上统一认识。新员工培训期间写的一些个人感受，后来被编成了一本书，名为《第一次握手》，成为新员工培训的参考教材之一。

华为对所有的新员工以同样的标准来要求，从一开始就培养团结合作、群体奋斗的精神，提高集体奋斗的意识，真正工作后，会放松对个性的管理，适当展现员工的个性，有了这种集体奋斗的土壤，个性的种子才能长成好的庄稼。除刚毕业的学生外，一些从社会上招聘的员工也会接受时间不等的培训。

入职后的实践培训

在集中培训结束后，华为会针对新员工的工作岗位安排，进行有针对性的实践培训。

对国外营销类员工，华为有 70% 的业绩来自海外，但新进的营销类员工，不可能立刻派去海外实践，必须在国内锻炼一下。公司会安排他们在国内实习半年到一年，通过这些实践掌握公司的流程、掌握工作的方式方法、熟悉业务，过一段时间再派到海外去。

对技术类员工，会首先带他们参观生产线，让他们对接产品，了解生产线上组装的机器，让他们看到实实在在的产品。华为曾经调查过，发现很多员工不知道基站是什么样子。所以，要让他们对接产品，让他们参观展厅和生产线上组装的机器，让他们看到实实在在的产品。

研发类员工在上岗前，安排做很多模拟项目，以便快速掌握一门工具或工作流程。新员工全部在导师的带领下，在一线进行实践，在实战中掌握知识、提高自己。在入职之前，华为会组织导师和新人奔赴各地，做软件训练营。而训练营设计的内容，公司会将研发流程、研发规范、培训材料发给他们先自学两天，训练开始时会由专业讲师进行案例教学，帮助员工了解这些流程规范。之后，再用大约 3 天的时间去演练，并且会拿真实的场景和项目，让学生在机房里提前做编程。三天结束后，最后一天会针对之前培训的内容进行考核，检验他的成果。[1]

第三节　华为大学"培养将军"

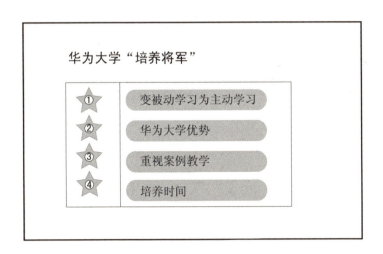

华为大学"培养将军"

① 变被动学习为主动学习

② 华为大学优势

③ 重视案例教学

④ 培养时间

　　很多人都在思考华为辉煌光环背后的成功秘诀是什么，任正非的一句话很好地回答了这个问题，"什么都可以缺，人才不能缺；什么都可以少，人才不能少；什么都可以不争，人才不能不争。"人才

1　庄文静.华为：如何让新员工融入"狼群"[J].中外管理，2014

作为推动华为迅猛发展的力量源泉，人才战略作为贯穿华为成长的指路明灯，对成就华为的辉煌起到了关键作用，而华为大学则是在人才战略指导下的重要布局，成为华为人才供给的"源头活水"。

华为 2005 年正式注册了华为大学，为华为员工及客户提供众多培训课程，包括新员工文化培训、上岗培训和针对客户的培训等。华为大学是华为发展战略的重要组成部分，它不仅是企业内部人才培养体系的重要一环，还超越这一职能成为企业变革的推手以及外部企业（包括顾客、供应商、合作伙伴等）培训和咨询服务不可缺少的支柱。

"培养将军"一直以来是任正非成立华为大学的初衷。"你们是否能够喊出'这里是将军的摇篮'的口号？如果不这样，你们就脱离这个时代，就像在世外桃源一样，就没有和现在形势的紧迫感结合起来，你们的重要作用就没有得到公司各个部门的认同。"这是任正非对华为大学的要求。

变被动学习为主动学习

为了激发华为大学的学生主动学习，任正非甚至要求华为大学采取收学费的措施，这不同于一般企业大学的免费模式。

2011 年，任正非在华为大学干部高级管理研讨班上这样说道："恭喜大家成为华为大学第一届自费大学生，我们要继续推行这种路线，在公司内部，除了收学费，停产学习还要停薪；教材也要卖高价，你想读书你就来，不想读书你就不要来。交学费不吃亏，为什么不吃亏呢？因为学好了能力就提升了，出绩效和被提拔的机会就多了；即使没学好被淘汰了，说不定是现在退一步，而将来能进两步呢？所以投资是值得的。以后收费标准可能会越来越高，交学费、停薪就是要让你有些痛，痛你才会努力。我们这样做是为了增进三个造血功能：一是学习提高了你的能力，就好像你增加了健康血液；二是华为大学有了收入，会办得更好，它的血液循环更厉害，更优秀；三是公司得到了大量的后备干部，输入新鲜的血液。"

收学费的目的是要将以往的被动培养变为自我培养。2010年，任正非与财经体系员工座谈时提到："培养不是等待被培养，而是自我培养、自我成长。对选拔上岗的干部，重点培训，有针对性地查漏补缺，让他们受到特别的关爱，不收他们一点钱，别人会心态不平衡，这叫有偿培养。要改变过去'单点输入'的培养制度，在干部选拔的过程中，触发有针对性的培养。"

主动学习方式筛选下来的，大多都是精英级别的人物，华为需要普通员工，但在未来的道路上更需要这类精英员工。任正非表示："华为大学就应该是个赚钱的大学。华为大学将来要想大发展，就一定要赚到钱，将来没人拨款给你。

"华为大学的老师在后备干部培养这一系中，是组织者，不是传授者，如果他们是传授者，水平就限制在一定高度了。我们的学习就是启发式的学习，这里没有老师上课，只有'吵架'，吵完一个月就各奔前程，不知道最后谁是将军，谁是列兵。相信真理一定会萌芽的，相信随着时间的久远，会有香醇的酒酿成的。

"当然不同的系，教学方法不一样，他们不一定是采取案例讨论的方式，但在案例讨论冲击下的教师队伍，也会成为另一种将军，驰骋在其他讲坛上，包括你的领导力、项目管理等等课程，列出收费标准，鼓励大家自学，脱产学习。"

华为大学优势

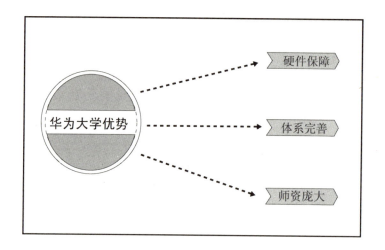

华为大学现已拥有内部专、兼职讲师 1700 余人，其中管理培训讲师 121 人、技术培训讲师 1599 人，可以用中文、英语、法语、俄语、西班牙语、阿拉伯语等进行培训，任正非对培训的重视程度可见一斑。

硬件保障

华为大学坐落在美丽的深圳华为总部，一直以舒适、一流的硬件配套设施为外界所称道。

华为大学的教学区有培训教学主楼、高级培训中心、教职员楼等主要建筑物。培训教学主楼是培训中心建筑群的主体，拥有各类多媒体教室、高级管理研讨室 120 间，通信实验室 7000 平方米，满足培训的课堂教学、案例教学、上机操作、工程维护实习和网络教学等多种形式的需要，可以同时容纳 3600 多名客户和员工同时进行培训。

体系完善

华为大学拥有完善的培训体系，不但员工上岗前进行培训，还有岗中培训和下岗后培训。适时的培训，使员工能及时跟上瞬息万变的需要，更好地为公司发展作贡献。

除了为员工提供了多种培训资源，帮助其进行自我提高外，华为大学还设有能力与资格鉴定体系，对员工的技术和能力进行鉴定。

师资庞大

如何稳定和管理已有的培训教师，是企业管理者的一大困扰。在企业不是专业办学单位，培训往往容易被人视为"副业"的错误意识影响下，培训教师容易产生为他人做嫁衣裳、吃力不讨好的思想，觉得职务无法晋升，价值难以实现，心理失衡，萌生去意，而华为的师资队伍建设则一直走在培训领域的前列。

华为大学拥有专、兼职培训教师 1700 余名。这些教师都经过了严格的程序评估和筛选。他们中间既有资深的培训师，也有经验丰富的华为专家和工程师，成为员工通过培训获得工作相关知识技能的保障。"讲师必须是有实践经验的人，没有实践经验的教官不能讲课，只能做组织工作。"任正非如是说。

此外，华为还定期特邀业内权威专家及知名大学资深教授前来授课，以保证公司总处在最新技术、业务及管理科学发展的前沿。为使广大员工以更好的心态面对工作和生活，华为还聘用了一批德高望重的退休专家和教授来华为工作，他们拥有丰富的人生经验和科学的研究方法，通过思想交流和情绪疏导，能有效地帮助员工树立正确观念、掌握科学方法，促进员工成长、发展。

重视案例教学

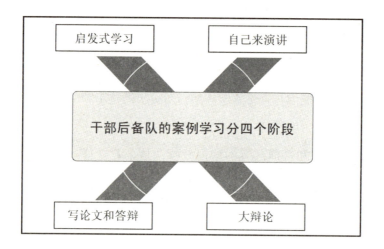

案例教学是华为一直以来沿用的重要教学方法。在任正非看来，"所有的教学案例都要来自于华为和社会的真实案例，本本主义的案例一个也不要。真实的案例虽然不可能成为很好的培训教材，至少它是正在使用的，这是别人做成功的，如果你认为案例还有欠缺，你可以去补充。关起门来编的案例，都是想当然的，打起仗来绝不会用到。课程不要盲目正规化。"[1]2010年，任正非在《以"选拔制"建设干部队伍，按流程梳理和精简组织，推进组织公开性和均衡性建设》文章中详细说明了干部后备队的案例学习。任正非表示："我认为干部后备队的案例学习，可以分四个阶段：第一阶段先从启发

1　杜丽敏.华为大学，培训有"道"[J].学习型中国杂志，2013

式学习开始，先读好教材，最好每天都考一次试，来促进学员的通读。胡厚崑、徐直军领导主编的这些教材很好，我想不到会编得这么好，它凝聚了全体编委及大家的心血，也许他们的努力会记入史册的。考完试以后老师先别改卷子，直接把考卷贴到心声社区，贴到网上去，让他的部下、他周边的人看看他考得怎么样，给他学习的压力。第二阶段自己来演讲，演讲的内容不能说我学了好多理论，我就背那个条条，这种演讲是垃圾。讲你在实践中，你做了哪些事符合或不符合这个价值观，只要你自己讲，我认为都是合格者，不合格者就是那些不动脑筋混的，喊着口号、拍马屁拍得最响的，就是不合格分子。你的演讲稿子和你讲的故事，必须有三个证明人，没有证明人就说明你是编出来的，你在造假，你在骗官。要把证明人的职务、工号、姓名写清楚。你一写完一讲完，我们马上将你写的、讲的贴到心声社区，连你的证明人都公示上去了，看谁在帮你做假。报告也不要写得又臭又长，抓不住重点，抓不住主要矛盾和矛盾的主要方面。第三阶段就是大辩论，把观点和故事都讲出来。凡是没有实践的纯理论的东西，就不要让他上讲台，讲纯理论性的东西就扣分。演讲完了大家就辩论，不一定要拥护我们的文化，我们的文化没有特殊性，是普适的，都是从别人那儿学来的、抄来的。以客户为中心，以奋斗者为本，外籍员工听得懂，喊拥护的人也未必就是真心实意地拥护。大辩论中有反对的观点，我认为也是开动了脑筋的，也是有水平的，我们要授予管理老师权力，让反对者过关。我们华为公司允许有反对者，相反对于正面的观点，我们恰恰要看他是否真正认识到了规律性的东西，或者只是陈词滥调、被动接收。第四个阶段，大辩论阶段个人观点展开了，人家好的你吸取了，人家差的你也知道了，然后就是写论文和答辩。你写的论文也要是非理论性的，只要是理论性的就是零分。就是要讲你的实践，你实践了没有，你实践的例子是什么。没有实践，你看到别人做了一件事情做得特别好，你从中学到了东西，你看到别人的实践你也可以写，要让当事人当个证明人。找不到证明人这个阶段就不算过，以后可以补课。"

培养时间

在培养时间上，任正非明确表示，更支持短训班，绝对不支持长训。任正非在华为大学教育学院座谈会上这样说道：我的将军不是培养出来的。一个月两个月就够了。学一点、学个方法就上战场，我们有个平台，告诉你可以在网上学习，然后你认识几个老师，在网上及时交流。"

第四节 华为的"全员导师制"

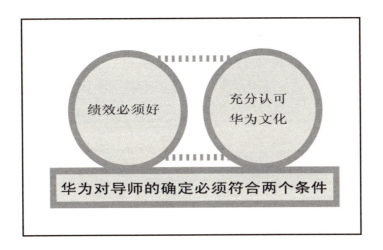

在华为的内部刊物《华为人》上，曾经刊登过这样一个故事：

一个汽车的（零件）圈，由于总是发现零件有毛刺的问题，一位工人就自己买了一把锉刀，把问题零件的毛刺锉掉，这样，零件就能够100%合格了。可是，等到他退休了以后，同样的一批零件却有大部分不合格。原来是他并没有把自己的经验告诉别人。

这个故事在华为引起了很大的反响，也引起了华为管理者的重视。通过这件事情，无论是华为员工还是华为管理者都意识到：为那些工作经验不足、工作技能掌握不到位的新员工找一个"导师"是非常有必要的。

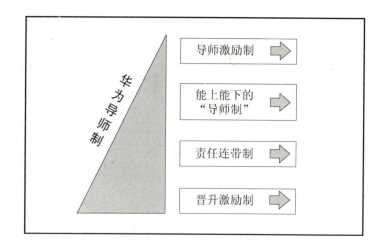

华为实行的"全员导师制"，通过"一帮一"的帮扶训练方式，让新员工有更多的机会掌握更多的工作常识和专业技能，并迅速成长为骨干。

华为对导师的确定必须符合两个条件：一是绩效必须好，二是充分认可华为文化，这样的人才有资格担任导师。同时规定，导师最多只能带两名新员工，目的是确保成效。

华为的"全员导师制"，和国有企业过去实行的"师徒制"有相同的地方，又有不同的地方。在华为内部，这一做法最早来自于中研部党支部设立的以党员为主的"思想导师"制度，对新员工进行帮助指导，后来被推广到了整个公司。

华为的这一做法，是全员性、全方位的。不仅新员工有导师，所有员工都有导师；不仅生产系统实行这一做法，营销、客服、行政、后勤等所有系统也都实行这一做法。华为认为，所有的员工都需要导师的具体指导，通过"导师制"实现"一帮一，一对红"。

华为的导师职责比较宽泛，不仅仅在于业务、技术上的"传、帮、带"，还有思想上的指引，生活细节上的引领等等。

导师在带学生期间，公司会单独给他发一笔钱，连续发半年，这笔钱做什么用？首先是导师定期请员工吃饭、喝茶，增加沟通；帮助外地员工解决吃住安排，甚至解决情感等问题。总之，导师要在员工入职之初，给予他工作和生活上全方位的辅导和帮助。

下面是一位华为员工的自述："在我进华为的第一个星期，公司就为我选定了一位导师，他是一位相当不错的40岁的工作伙伴。一次在食堂吃午餐的机会，我们坐下来讨论着在公司的工作，以及如何才能让我更快地适应工作岗位：那是令人愉快而且让我获得大量信息的45分钟。但是自从那次以后，我只见过他一次，而且时间很短，根本就没有机会向他讨教工作经验。结果，我在连续几个月的时间里都不知所措，工作也做得很差，直到这位导师忙完了自己的工作，再找我聊工作上的事情之后，我的心里才踏实起来，工作也顺利了很多。"

2006年，任正非在亚太地区部工作汇报会上这样说道："华为大学也要设立导师制，要由在实践中干得好的，有一定带人水平的员工担任。导师也可以分级，有十分高级的如将级，导师实行轮流制，例如一年一轮，表现优秀的导师应优先得到晋升。"

华为这一做法的意义有三点：一是可以增强员工的荣誉感，尤其是对于入职时间不长就成为导师的员工，在工作上更加严格地要求自己，在新员工面前更加地发挥模范带头作用；二是对于新员工来讲，可以使他们迅速地融入到企业的大家庭中来，从思想上、感

华为的人力资源管理（**实战版**）

情上尽快地认可企业的制度和文化；三是通过全系统、全方位、全员性的"导师制"的推行，可以形成企业内部良好的环境氛围，层层级级的执行力必然会大大增强。

"导师制"的可执行性与可持续性，需要用制度来保证。华为在此方面推出了导师激励机制，对"徒弟"的要求、师徒的保证协议、考核标准等，有力地保证了"导师制"的推行。

1. 导师激励制。

为了保证"全员导师制"落实到位，华为对导师实行物质激励，给导师每月300元的"导师费"，并且定期评选"优秀导师"，被评为"优秀导师"的可得到500元的奖励。

2. 能上能下的"导师制"。

华为选择导师不论资排辈，一切凭真才实学，对于换岗的老员工，在担任新岗位后，同样会安排导师。导师也许比老员工工龄短、资历低，但在这个岗位上他的个人能力很强，那么他就是导师。在华为，刚毕业进入华为一两年的员工，同样可以成为导师，这对刚入职不久的员工起到了很好的激励作用。

3. 责任连带制。

华为"全员导师制"规定，如果徒弟出现问题，导师也不能得到提拔，甚至会降职。因而导师必须承担起培训、培养徒弟的责任，当徒弟出了问题的时候，导师必须承担相应的责任。

4. 晋升激励制。

华为把"全员导师制"提升到培养接班人的高度来对待，并以制度的形式做出规定：没有担任过导师的员工，不得提拔为行政干部；不能继续担任导师的，不能晋升。

华为推行"全员导师制"，不仅可以缩短员工与新环境的磨合期，也能够磨炼他们的意志，提高他们的执行力；同时，"全员导师制"还能够促进员工之间、上下级之间的关系，从而保障团队凝聚力。[1]

华为的导师制，和过去国企推行的"师徒制"有相似的地方，但又有很大的不同，华为对导师和徒弟都有非常明确的责任要求，并和个人发展紧密挂钩，保证了导师制能够落地，发挥积极作用。

第五节　在实践中学习

任正非在《致新员工书》中这样写道："对新来员工，因为没有记录，晋升较慢，为此十分歉意。如果您是一个开放系统，善于吸取别人的经验，善于与人合作，借助别人提供的基础，可能进步就会很快。如果封闭自己，怕工分不好算，就需要较长时间，也许到那时，您的工作成果已没有什么意义了。实践是您水平提高的基础，它充分地检验了您的不足，只有暴露出来，您才会有进步。实践再实践，尤其对青年学生十分重要。唯有实践后善于用理论去归纳总结，才会有飞跃。有一句名言，没有记录的公司，迟早要垮掉的，多么尖锐。一个不善于总结的公司会有什么前途，个人不也是如此吗？"

任正非曾经在华为内部讲话上说过一个故事："如果一个人倒着

1　孙科柳.华为带队伍 [M].北京：电子工业出版社，2014

长，从 80 岁开始长，1 岁死掉的话，我想这个世界不知有多少伟人。我们的父母教育我们要认真读书，我们却不认真读书。等我们长大了，又告诉我们的孩子要认真读书，他们不认真读书，他们还要批判我们。他们长大了，又管教他们的孩子要认真读书，……如此重复的人生认识论，因而人就没有很大的长进。如果从 80 岁倒着长，人们将非常珍惜光阴，珍惜他们的工作方法和经验。当然从 80 岁倒着长这是不可能的，但学习方法上是有可能的，我们如今有如此庞大的知识网络和科技情报网络，充分利用它们也就跟倒着长一样，只不过要有谦虚认真学习他人的精神才行。"

在学习这件事情上，任正非表现出一种无条件支持的态度。最好的学习资源库不是某个学校，也不是某个培训场所，而是日常的生活，是实践经验。任正非认为，疯狂抢占中国市场的西方竞争者，不仅是竞争者的身份，更是老师与榜样。它们让我们在自己的家门口遇到了国际竞争，知道了什么才是世界先进；它们的营销方法、职业修养、商业道德，都给了我们启发。我们在竞争中学会了竞争的规则，在竞争中学会了如何赢得竞争。

任正非重视学习而非学历，华为更重视在实践中学习。

华为的一位管理者，女硕士，1996 年前一直任华为宣传部部长，1998 年被提拔为华为执行副总裁，但在 1998 年年底她提出离职，要去美国深造，学习企业管理。任正非对她说，"你去美国学企业管理，等你学成毕业后，你就跟不上华为公司的发展了"。为什么？因为在实践中学到的管理，难道不比书本上学的来得更快，更实际，更加真实有用？

任正非曾这样说过："知识不等于能力，书读得太多，方法论太多，有时反而会相互抵消，不知道活学活用的话，反而会变得越来越蠢。"

2000年5月的一天，任正非给《华为人》报转载了《读者》杂志上的一篇文章：

枫桥夜泊

他落榜了！一千二百年前。榜纸那么大那么长，然而，竟单单容不下"张继"那两个字。考不上，令他羞惭沮丧。

离开京城吧！本来预期的情节也许有插花游街、衣锦还乡的荣耀。然而，寒窗十年，虽有他的悬梁刺股，却没有他的榜上题名。他踏上小舟，来到了苏州。然而，那夜是一个忧伤的夜晚。在异乡，在江畔，在秋冷雁高的季节，因为忧伤，长夜无眠。

月亮西斜了，有鸟啼，是乌鸦。江岸上，霜已结千草。夜空里，星子亦如清霜，一粒粒零落凄绝。深夜寒山寺钟声响了，寒山寺庙敲"夜半钟"，用以惊世。在他，却一记一记都撞击在心坎上，正中要害。既然失眠，他推枕而起，摸黑写下《枫桥夜泊》这首诗。

月落乌啼霜满天，江枫渔火对愁眠；姑苏城外寒山寺，夜半钟声到客船。

感谢上苍，如果没有落第的张继，诗的历史上便少了一首好诗。一千二百年过去了，那张长长的榜单上，曾经出现过的状元是谁？有人会记得哪一届状元披红游街的盛景吗？没有人记得。真正被记得的名字是"落第者张继"，以及他那首不朽的诗。

（作者：台湾张晓风）

文章反映出任正非实事求是，辩证地看待事物，看重人的实际能力等实实在在的内容，而非形式主义的价值倾向。

任正非的"大孵化培育大市场"策略，使华为每年都要大量地引进新人，特别是自 1996~1997 年开始，华为招收了大批的硕士、博士生，客观上公司一些学历不高的老员工、各级干部隐约地感到一种无形的压力，因此他们中的一些人提出要停薪留职，出国读书深造，包括个别副总裁也如此，有的甚至辞职去国外留学。

当时一位从中国科技大学本科毕业的副总裁就曾向任正非提出，他想停薪留职去报考一所名牌大学的 MBA，任正非对他说，华为对外宣传有多少硕士、多少博士，那是在公司规模不大时，是一种对外界的宣传造势而已，是拿来唬外面人的，千万不要把自己人也给唬住了。公司不能虚火旺盛，华为进门看学历，是因为不了解情况，总要挑一挑，有学历总比无学历好，但进来以后，管你是博士也好，大专生也好，都不看，只注重你的实际能力与工作表现。所以任正非劝大家安心留在工作岗位上，在实践中学习提高。

华为的高级副总裁中还有两位学历只是专科的，这充分证明了任正非是只看重能力和贡献等实质，而不注重学历等形式的人。

在华为努力提高自己的方式有两种：一是在实践中不断加强学习提高自己；二是和周边同事多融合，向他们多学习，提高自己。

1999 年，任正非总裁在答新员工问时表示："其实每个岗位天天都在接受培训，培训无处不在、无时不有。如果等待别人培养你成为诺贝尔，那么是谁培养了毛泽东、邓小平？成功者都主要靠自己努力学习，成为有效的学习者，而不是被动的被灌输者，要不断刻苦学习提高自己的水平。"

任正非：致新员工书

　　您有幸加入了华为公司，我们也有幸获得了与您合作的机会。我们将在相互尊重、相互理解和共同信任的基础上，与您一起度过在公司工作的岁月。这种尊重、理解和信任是愉快地进行共同奋斗的桥梁与纽带。

　　华为公司共同的价值体系，就是要建立一个共同为世界、为社会、为祖国作出贡献的企业文化。这个文化是开放的、包容的，不断吸纳世界上好的优良文化和管理的。如果把这个文化封闭起来，以狭隘的自尊心，狭隘的自豪感为主导，排斥别的先进文化，那么华为一定会失败的。这个企业文化黏合全体员工团结合作，走群体奋斗的道路。有了这个平台，您的聪明才智方能很好地发挥，并有所成就。没有责任心，缺乏自我批判精神，不善于合作，不能群体奋斗的人，等于丧失了在华为进步的机会，那样您会空耗了宝贵的光阴。

　　公司管理是一个矩阵系统，运作起来就是一个求助网。希望你们成为这个大系统中一个开放的子系统，积极、有效地既求助于他人，同时又给予他人支援，这样您就能充分地利用公司资源，您就能借助别人提供的基础，吸取别人的经验，很快进入角色，很快进步。求助没有什么不光彩的，做不好事才不光彩，求助是参与群体奋斗的最好形式。

实践是您水平提高的基础，它充分地检验了您的不足，只有暴露出来，您才会有进步。实践再实践，尤其对青年学生十分重要。只有实践后善于用理论去归纳总结，才会有飞跃的提高。要摆正自己的位置，不怕做小角色，才有可能做大角色。

我们呼唤英雄，不让雷锋吃亏，本身就是创造让各路英雄脱颖而出的条件。雷锋精神与英雄行为的核心本质就是奋斗和奉献。雷锋和英雄都不是超纯的人，也没有固定的标准，其标准是随时代变化的。在华为，一丝不苟地做好本职工作就是奉献，就是英雄行为，就是雷锋精神。

实践改造了，也造就了一代华为人。"您想做专家吗？一律从基层做起"，已经在公司深入人心。一切凭实际能力与责任心定位，对您个人的评价以及应得到的回报主要取决于您的贡献度。在华为，您给公司添上一块砖，公司给您提供走向成功的阶梯。希望您接受命运的挑战，不屈不挠地前进，您也许会碰得头破血流，但不经磨难，何以成才！在华为改变自己命运的方法，只有两个：一、努力奋斗；二、做出良好的贡献。

公司要求每一个员工，要热爱自己的祖国，热爱我们这个刚刚开始振兴的民族。只有背负着民族的希望，才能进行艰苦的搏击，而无怨无悔。我们总有一天，会在世界舞台上占据一席之地。但无论任何时候、无论任何地点都不要做对不起祖国、对不起民族的事情。不要做对不起家人、对不起同事、对不起您奋斗的事业的人。要模范遵守所在国家法规和社会公德，要严格遵守公司的各项制度与管理规范。对不合理的制度，只有修改以后才可以不遵守。任何人不能超越法律与制度，不贪污、不盗窃、不腐化。严于律己，帮助别人。

您有时会感到公司没有您想象的公平。真正绝对的公平是没有的，您不能对这方面期望太高。但在努力者面前，机会总是均等的，要承受得起做好事反受委屈。"烧不死的鸟就是凤凰"，这是华为人对待委屈和挫折的态度和挑选干部的准则。没有一定的承受能力，今后如何能做大梁？其实一个人的命运，就掌握在自己手上。生活的评价，是会有误差的，但绝不至于黑白颠倒，差之千里。要深信，是太阳总会升起，哪怕暂时还在地平线下。您有可能不理解公司而暂时离开，我们欢迎您回来。

世上有许多"欲速则不达"的案例，希望您丢掉速成的幻想，学习日本人踏踏实实、德国人一丝不苟的敬业精神。现实生活中能把某一项业务精通是十分难的，您不必面面俱到地去努力，那样更难。干一行，爱一行，行行出状元。您想提高效益、待遇，只有把精力集中在一个有限的工作面上，不然就很难熟能生巧。您什么都想会、什么都想做，就意味着什么都不精通，做任何一件事对您都是一个学习和提高的机会，都不是多余的，努力钻进去兴趣自然在。我们要造就一批业精于勤、行成于思，有真正动手能力和管理能力的干部。机遇偏爱踏踏实实的工作者。

公司永远不会提拔一个没有基层经验的人做高层管理者。遵循循序渐进的原则，每一个环节对您的人生都有巨大的意义，您要十分认真地去对待现在手中的任何一件工作，十分认真地走好职业生涯的每一个台阶。您要尊重您的直接领导，尽管您也有能力，甚至更强，否则将来您的部下也不会尊重您。长江后浪总在推前浪。要有系统、有分析地提出您的建议，您是一个有文化者，草率的提议，对您是不负责任，也浪费了别人的时间。特别是新来者，不要下车伊始，动不动就哇啦哇啦。要深入、透彻地分析，找出一个环节的问题，找到解决的办法，踏踏实实地一点一点地去做，不要哗众取宠。

为帮助员工不断超越自我，公司建立了各种培训中心，培训很重要，它是贯彻公司战略意图、推动管理进步和培训干部的重要手段，是华为公司通向未来、通向明天的重要阶梯。你们要充分利用这个"大平台"，努力学习先进的科学技术、管理技能、科学的思维方法和工作方法，培训也是你们走向成功的阶梯。当然您想获得培训，并不是没有条件的。

物质资源终会枯竭，唯有文化才能生生不息。一个高新技术企业，不能没有文化，只有文化才能支撑它持续发展，华为的文化就是奋斗文化，它的所有文化的内涵，都来自世界的、来自各民族的、伙伴的甚至竞争对手的先进合理的部分。若说华为有没有自己的核心文化，那就剩下奋斗与牺牲精神算我们自己的吧！其实奋斗与牺牲也是从别人那里抄来的。有人问我，您形象地描述一下华为文化是什么。我也不能形象地描述什么叫华为文化，我看了《可可西里》的电影，以及残疾人表演的《千手观音》后，我想他们的精神就叫华为文化吧！对于一个新员工来说，要融入华为文化需要一个艰苦过程，每一位员工都要积极主动、脚踏实地地在做实的过程中不断去领悟华为文化的核心价值，从而认同直至消化接纳华为的价值观，使自己成为一个既认同华为文化，又能创造价值的华为人；只有每一批新员工都能尽早地接纳和弘扬华为的文化，才能使华为文化生生不息。

华为文化的特征就是服务文化，谁为谁服务的问题一定要解决。服务的涵义是很广的，总的是为用户服务，但具体来讲，下一道工序就是用户，就是您的"上帝"。您必须认真地对待每一道工序和每一个用户。任何时间，任何地点，华为都意味着高品质。希望您时刻牢记。

华为多年来铸就的成就只有两个字——诚信，诚信是生存之本、发展之源，诚信文化是公司最重要的无形资产。诚信也是每一个员工最宝贵的财富。

业余时间可安排一些休闲，但还是要有计划地读些书，不要搞不正当的娱乐活动，为了您成为一个高尚的人，望您自律。

我们不赞成您去指点江山，激扬文字。目前，在中国共产党领导下，国家政治稳定、经济繁荣，这就为企业的发展提供了良好的社会环境，我们要十分珍惜。21世纪是历史给予中华民族一次难得的振兴机会，机不可失，时不再来。"21世纪究竟属于谁？"这个问题的实质是国力的较量，国际间的竞争归根到底是在大企业和大企业之间进行。国家综合国力的增强需要无数大企业组成的产业群去支撑。一个企业要长期保持在国际竞争中的优势，唯一的办法便是拥有自己的竞争力。如何提高企业的竞争力，文章就等你们来做了。

希望您加速磨炼，茁壮成长，我们将一起去托起明天的太阳。

2014年 12月 19日

任正非

（这篇《致新员工书》最早发表于 1994年 12月 25日第 11期《华为人》，多年来任总亲自修订更新数次。这是 2014年 12月 19日任总再次对此文做的最新修订。）

联想"入模子"

　　要想"让兵爱打仗",企业培训必不可少。联想有名的"入模子"培训是保证员工体内充满爱打仗血液的基本功,也是联想文化渗透的得力手段。

　　在联想招进新员工的时候,柳传志就对他们进行"入模子培训",学习联想的历史、战略、纪律与文化等。"入模子"培训地点一般都安排在山清水秀的郊外,进行类似军训一样的全天候培训:从高唱联想之歌开始每一天的课程,一般来说,课程从最基本的素质培养开始,诸如团队精神、自信精神,然后是重头戏——进入联想部分,包括联想的历史、发展道路、使命和愿景、成功经验等等。培训的过程中还会参观联想的工厂、卖场,了解公司现有的管理模式、薪酬体系等。

　　柳传志对"入模子"格外看重,并成立了专门的管理学院,在联想控股旗下各子公司也有文化培训部或在人力资源部设立专职人员。柳传志表示:"'入模子'是我们说惯了的一句话,它的意思是说联想要形成一个坚硬的模子,进入联想的职工必须进到联想的'模子'里来,凝成联想的理想、目标、精神、情操行为所要求的形状。"

　　"企业文化是企业中非常重要的一部分。企业文化实际上就是规章制度不能包括的那一部分,可以比作无声的命令融化在公司里形成的最高的东西。

我们的企业文化提出一个口号，就是要把员工发展的目标融入到企业发展的目标之中。就是说，企业是个模子，你来了以后，必须融到我们企业的模子当中，国外的先进东西可以使我们的模子有所改动，但是你不能不融入到我们的企业文化中来。"

柳传志把员工的"入模子"培训分成两个层次进行：（1）联想一般职工的"入模子"，比如新员工进入联想的第一步，必须要参加"入模子"培训，否则就不能够转正；另外新员工"入模子"的成绩都要记入档案作为重要依据。（2）联想管理人员和骨干的"入模子"。联想的各级干部也都有自己的"模子"，新提拔的经理、总经理也必须参加相应的培训班。柳传志表示："我们对于联想的一般职工有个'入模子'的基本要求，就是要按照联想所要求的行为规范做事，联想的行为规范主要指执行以岗位责任制为核心的一系列规章制度，包括财务制度、库房制度、部门接口制度、人事制度等等。执行制度是对一个联想人的最基本要求。在制定以上这些制度的时候，我们是根据两条基本原则：一条是民主集中制，一条是按劳分配制。我们应用民主集中制原则，体现在决策程序上是：听多数人的意见，和少数人商量，领导核心说了算。"

"在世界不发达国家政变层出不穷的时代，美国总统从来不用担心政变，任何一个美国总统也休想改变宪法当终身总统。我们就是要把联想的理想、目标、制定制度的指导思想，像美国宪法在美国人民心目中的地位那样，一步一步地、一点一点地溶化到我们联想人的血液中去。使得只有遵照联想精神办事的人才可能进入联想的领导班子，才可能站得住脚。"

联想对管理人员和骨干"入模子"的要求就是：（1）联想的骨干尤其是执行委员会以上的核心成员，要有牺牲精神。（2）联想的骨干要堂堂正正，光明磊落，不许拉帮结派，有问题要摆在桌面上谈。（3）联想的骨干必须要坚持公司的基本准则，坚持公司的统一性，坚决服从总裁室的领导，不允许为了本部门的利益与别的部门发生摩擦。（4）联想的骨干必须要根据全局的要求制定本部门的工作计划。（5）联想的骨干必须要学会带队伍。（6）联想的骨干带队伍要懂得求实和讲信誉。（7）联想的骨干要有为民族做一番事业的理想。

柳传志表示："一定要把职业经理人融入到企业里去，不然做着做着看到更好的位置他就走了。联想要培养的是有上进心、事业心的人，不管遇到什么困难都要做中流砥柱。从业务上来讲，职业经理人能把很多外面的东西带到公司来，但不同的人来到公司，带来不同的文化，一定要有一个模子把他们融化、改造成自己的人。"

另外，为了搞好"入模子"的培训工作，柳传志还做了三件事。第一件事是办好联想管理学院。它的主要任务有：新员工"入模子"培训；一年两期联想经理培训；为期两天的联想高级干部研讨班；外地平台新员工培训；企业文化培训；临时工培训。

第二件事就是加强党组织对职工的思想教育。联想给每个大部门都配备了一个专门负责思想工作的副主任经理，以便及时了解职工的思想动态，关心职工的生活。

第三件事就是每周六下午学习讨论。每周六下午联想都会抽两个小时，召开学习讨论会，使职工统一思想，了解公司总的战略意图，总结本部门的工作，开展批评与自我批评，增强凝聚力。

有人认为这种教育方式会束缚员工的创造力，但柳传志认为联想虽然是个模子，但也不是一成不变的。在联想进入新纪元后，又对"入模子"培训做了很多改进：在文化培养和传递的基础上，着重给员工提供确实有效的工作技巧和职业化培训，同时还会增加员工跟高管之间的互动、对话、交流，并从员工发展的角度，加入了更多国际化的要求，让"模子"更加适应公司发展的需要。柳传志表示："我觉得这个模子等于是企业的一个规则，做事的规则。有的是用文字把它定出来，有的是用文化把它形成。在任何一个企业里边，如果说大家不遵守一个必要的共同规则的话，那真的什么事情也做不成。所以我觉得这个是肯定要有的，只不过这个模子是可以改的，（但要分清楚）哪些是可以改的、哪些是坚决不能改的，它永远要有联想的烙印。"

在联想五大少帅中，弘毅投资的总裁赵令欢，是唯一一个不是从联想内部提拔培养出来的领军人物，属于海归派。但柳传志对赵令欢却很满意，他认为赵令欢正是他所倡导的"打破模子"选用人才的好例子。柳传志表示："这可能是这个名词（入模子）本身会给人这个感觉，我再三强调，'入模子'本身是两层意思，一层意思是到这个企业里来，必须融入到企业去，与大家有一致的步伐。但是模子是可以改造的，我没说这个模子不可以动。所以到了今天，联想的模子跟 1985年时的模子不可能一样了，有大量的变化、大量的创新，如果我们说要'并入模子''改造模子'，这话说起来啰嗦，所以我们就叫'入模子'了，容易让人望文生义，其实不是这样的意思。"

参考资料

[1] 黄卫伟 . 以奋斗者为本 [M]. 北京：中信出版社，2014.

[2] 张继辰，文丽颜 . 华为的人力资源管理 [M].3 版 . 深圳：海天出版社，2012.

[3] 田涛，吴春波 . 下一个倒下的会不会是华为 [M]. 北京：中信出版社，2012.

[4] 孙科柳 . 华为执行力 [M]. 北京：电子工业出版社，2014.

[5] 孙科柳 . 华为绩效管理法 [M]. 北京：电子工业出版社，2014.

[6] 孙科柳 . 华为带队伍 [M]. 北京：电子工业出版社，2014.

[7] 德鲁克 . 变动世界的经营者 [M]. 林克，译 . 北京：东方出版社，2010.

[8] 谢琳，余晓明，米建华 . 危机下的股权激励——以华为公司为例 [J]. 中国人力资源开发，2009.

[9] 庄文静 . 华为：如何让新员工融入"狼群" [J]. 中外管理，2014.

[10] 华为 HR 总裁：公司倡导什么，看普通员工表现就知道了 [J]. 经理人，2013.

[11] 五斗米 . 华为内部反思十大内耗，别说你的公司没有 [J]. 创业邦，2015.

[12] 杜丽敏 . 华为大学，培训有"道" [J]. 学习型中国杂志，2013.

[13] 严薇 . 华为员工将如何革新全员持股 [J]. 好公司，2014.

[14] 徐维强 . 华为去年为员工福利砸下 19.7 亿元 [N]. 南方都市报，2011.

[15] 揭华为股权结构面纱：15 万员工 8 万人持股，占公司 99%[N]. 英国 . 金融时报，2014.

[16] 李晶，孟晓舟 . 华为还没有遇到天花板 [N]. 经济观察报，2014.

[17] 华为中兴高薪抢人：华为本科生起薪 9000 元 [N]. 新快报，2013.

[18] 樱桃好吃树难栽，大旱来了怎么办 . 华为人力资源部 [N]. 华为人，2010.

[19] 尹玉昆 . 烧不死的鸟是凤凰 [N]. 华为人，2008.

[20] 华为查实 116 员工涉腐败，终端业务现上亿受贿案 [N]. 第一财经日报，2014.

[21] 邱海燕 . 华为员工培训体系及其启示 [N]. 广东广播电视大学学报，2011.

[22] 为啥全世界都怕华为？为培养团队肯给员工百万股利 [OL]. 搜狐，2014.

[23] 华为一年为员工支付 8.4 亿元社保，任正非退休获批准 [OL]. 网易科技报道，2007.

[24] 李雪娜 . 华为召开"反腐"大会，重拳严打内部腐败问题 [OL]. 财新网，2014.

[25] 华为员工能拿多少钱，揭秘一个真实的华为 [OL]. 中国经营网，2014.

[26] 华为的人力资源管理，搅活"沉淀层"锻炼优秀者 [OL]. 易才网，2006.

[27] 史正军 . "让听得见炮声的人做决策"——适合我们吗？ [OL]. 网易，2009.

[28] 吴涛 . "伪奋斗者"的奋斗路 [OL]. 华为人，2014.

[29] 摒弃"年度"绩效考核 [OL]. 财富中文网，2014.

[30] 刘祖轲 . 华为组织变迁：未来华为一线或将拥有主动决策权 [OL]. 钛媒体，2014.

C 后记

　　在现代管理学之父德鲁克看来，人力资源是所有资源中最有生产力、最多才多艺，也是最丰富的资源。它最大的优势在于"具有协调、整合、判断和想象的能力"。在华为科学的人力资源管理之下，华为高效的作战力征服了世界。我们不一定能全盘接受华为的人力资源管理系统，打造出同样的人力资源管理文化，但我们一定要知道华为和华为团队的战斗力为什么会如此强大，以及知道我们应该走在怎样的一条大道上。

　　在《华为的人力资源管理（实战版）》写作过程中，作者查阅、参考了大量的资料和作品，部分未能正确注明来源并支付稿酬，希望相关版权拥有者见到本声明后及时与我们联系，我们都将按相关规定支付稿酬。在此，深深表示歉意与感谢。

　　由于编者水平有限，书中不足之处在所难免，诚请广大读者指正。同时，为了给读者奉献较好的作品，本书在写作过程中的资料查阅、检索搜集与整理的工作量非常巨大，需要许多人同时协作才能完成，我们也得到了许多人的热心支持与帮助，在此感谢姜典强、陈熹博、李永艳、王海坤、李宝贵、黄勇、周志发、唐以霞等人，感谢他们的辛勤劳动与精益求精的敬业精神。